沒讀過的世界史

史學大師帶你從人類商業活動
看出歷史背後不為人知的真相

權威經濟史學家玉木俊明 著
林依璇 譯

先生も知らない世界史

CONTENTS

第2章

逆轉的世紀

歐洲超越了富饒的亞洲

CONTENTS

第3章

英國躍居世界頂點的原因

CONTENTS

第4章

從近代世界到未來的發展

驅動歷史前進的力量

代序

感受不同的世界史觀點

本書以《你還沒讀過的世界史》為題，想必有些讀者會覺得這個書名帶著挑釁的意味！不過，包括我本人在內的歷史老師們，對於世界史也還有許多不知道的事。高中階段所學習的世界史知識，現在看來很可能已經落伍；在世界史的課堂上，過往課本中的觀念被推翻並不足為奇。

關於本書，我希望考生閱讀後能感受到不同的世界史觀點；大學生能藉此一窺高中所學的世界史不為人知的一面；也希望社會人士能透過此書，發現自己過往所知的世界史詮釋和現今學說的差異。身為作者，最開心的莫過於能帶給讀者收穫。

我當考生已經是三十年前的事了。當時的世界史只提到歐洲、美國、中國等，幾乎沒有介紹東南亞、非洲、拉丁美洲、伊斯蘭世界等地區的歷史，如今和這些地區相關考題出現的頻率已經比以前高出許多；對比起我當年考大學時拚命背誦法國大革命等事件，現在想來實在沒有必要強記。比起我那個時代，現在的大學生擁有取之不盡的資源，能夠更輕易地學習世界各地的歷史。雖然學生們可能接觸到五花八門的知識，不可諱言的，歐洲仍然是近代社會建構過程中不可或缺的要角。由於我本身是西洋經濟史學家，因此，本書以西洋史為中心加以論述，並由商業史的觀點介紹世界史。很可惜的是我沒有接觸東洋史，如果要撰寫從東洋史觀點出發的《你還沒讀過的世界史》，還是必須要由東洋史的專家執筆。

從地理位置來看，歐洲只不過是位於歐亞大陸一角的半島；從自然生態資源來看，歐洲恐怕比亞洲許多地區都貧瘠。況且，中世紀的歐洲還處於伊斯蘭勢力的支配之下。但是，原本條件不佳的歐洲後來竟然能脫離伊斯蘭的支配，並於十九世紀時在世界各地擁有殖民地，躍升為影響世界發展的領導地位，這究竟是怎麼一回事呢？本書將由商業史和經濟史的觀點出發，探討箇中原因。

本書提出的許多論述，也是歐美歷史學界的熱門話題。很可惜的是，在日本，這些觀點很少被拿出來仔細討論。本書的價值在於引入這些討論，並將我所理解的部分介紹給一般讀者，接著我也會指出歐美相關論述的問題點，並提出新的見解。

雖然在書中有介紹重要的研究和論著，我個人也閱讀其他相關的論述，可惜美中不足的是這些研究大多沒有譯本，因此本書並未附上參考文獻。

負責本書企劃的是日本經濟新聞出版社編輯部的堀口祐介。是堀口先生讓我了解必須帶給讀者新鮮感，讓讀者感到「原來可以這樣看歷史啊！」我藉此機會向堀口先生致上誠摯的謝意。

無論在商業工作場合或提升個人涵養上，歷史都非常重要。面對現今發生的各種事件，如果缺乏回顧歷史的能力，便無法徹底理解。我誠心祈禱，希望本書能夠讓人感到「原來如此，歷史真的是很重要啊！」希望讀者抱著興奮的心情翻開每一頁。

二〇一六年九月　玉木俊明

第 1 章

從古代到近代

文明誕生背後不為人知的真相

1 無人能解的謎團

——人類從狩獵採集進入農耕定居時代的原因

距今約一萬多年前，冰河期結束，地球溫度上升讓自然環境產生劇烈變化，當時的人類發展到了晚期智人階段，因生活地域的不同，他們也必須適應各式各樣的生活環境。在適應環境過程中最重要的事件，莫過於人類在距今約九千年前的西亞——開始栽種麥類作物，並飼養山羊、羊和牛等牲畜，這便是農耕與畜牧生活的開始。

透過栽種作物及飼養牲畜，人類擁有了積極改變自然環境的能力，開始以生產食材為生，經濟活動也逐漸由狩獵、採集轉向農耕、畜牧，這在人類史上可說是一項重要變革。該項經濟活動的改變讓人口數目飛躍成長，也為人類文明發展打下基礎。

（摘自《詳說世界史　世界史B》山川出版社，二〇一三年，第十二頁）

定居生活真的更好嗎？

在人類由狩獵生活轉向定居生活的相關資料中，以上敘述屬於稀鬆平常的說法。然而，上述的文字是將至今長達數千年的歷史濃縮成寥寥數行的結果。從現實的角度來分析，為何人類選擇定居生活，並且開始以農業為生，迄今仍未有決定性的答案。更進一步地說，人類為何選擇如此高風險，且長年讓自身為此所苦的定居生活，迄今仍舊是未解的巨大謎團。

《告別施捨：世界經濟簡史》一書的作者，經濟史學家葛瑞里．克拉克（Gregory Clark）推測，一八〇〇年時，人類的生活水準甚至比十萬年前的薩凡納（Savannah）更低落，但我認為此一見解實在過於極端。無論如何，我們必須承認，即便由狩獵採集轉變為仰賴農耕為生，短期內人們的生活仍然稱不上不虞匱乏。更確切地說，在漫長的農耕歲月中，人類被迫過著貧乏的生活。

既然如此，人類為什麼要選擇定居生活呢？

歷史學家賈德．戴蒙（Jared Diamond）主張，定居生活是「人類史上最大的錯誤」。在此讓我們以他的意見作為出發點，展開以下論述，讓我們一起來看看戴蒙的見解。

戴蒙表示，人類在歷史上原本就是以狩獵採集為生，生產農作物也不過是一萬年前左右的事。有些學者認為，以狩獵採集為生的人類生活水準較為低落，平均壽命也較短；由於人們無法栽種食材，能夠貯藏的量也很少，因此每天都必須尋找新食材，免不了要挨餓。

這些學者認為，在距今約一萬年前（正確來說或許時間還要更往後推移一些），為了脫離悲慘的生活，世界各地的人類開始栽種植物並將動物家畜化，人們藉由定居並栽培經過品種改良的植物，獲得充足的食物，擺脫飢餓。

然而，如今我們了解上述見解其實並不正確。以現今仍過著狩獵採集生活的南非原住民為例來說，他們擁有充裕的閒暇時間，不需要每天辛勤工作也能過活，一天所攝取的熱量約二一四〇大卡，營養十分充足，實在很難想像他們有面臨餓死的危機，同理可知，這也應該適用於一萬年前以狩獵採集為生的人類。

再者，我們從得之不易的考古遺跡中實際取得骸骨，僅從骸骨中就有了足以推翻這理論的驚人發現。

比方說，從希臘和土耳其所發現的骸骨來看，距今一萬年前的冰河期末期，以狩獵採集為生的人類，男性平均身高為五・九英尺（約一・八〇公尺），女性為五・五英尺（約一・六八公尺），相較之下，西元前三〇〇〇年的農民，男性和女性分別為五・三英尺（約一・六二公尺）和五英尺（約一・五二公尺），由此可看出以狩獵採集為生的人類身高較高。

觀察以上的資料，我們可以推斷以狩獵採集為生的人類營養狀態較佳。另外從美國發現的骸骨也可以證明這一點。與以狩獵採集為生的人類相較之下，許多農民由於營養不足，缺乏約百分之五十的琺瑯質。這些骸骨讓我們了解到許多驚人的事實，於農業社會前誕生的人類平均壽命約二十六歲，相對地，在農業社會開始後平均壽命大幅下滑至十九歲，原因在於農耕生活讓人們營養狀態惡化，也因此難以延長壽命，這項發現令人感到非常的震驚。

農耕生活是人類史上最大的失敗？

戴蒙主張農耕生活讓人們的身體狀況惡化，並舉出以下三個理由：

第一，以狩獵採集為生的人類有多樣的飲食選擇，而早期農民能取得的食材只限於一、兩種，從這些有限的食材中獲得的熱量較少，因此導致營養不良。

第二，農民賴以為生的作物種類非常有限，如果作物無法順利長成，短時間內就會為飢餓所苦，這是農耕生活的危險性。

第三，農業社會導致人們居住環境更加密集，而且往往需要和其他地區的人們交換商品，因此也會傳播寄生蟲及傳染病。比方說，在農業社會開始前，結核病和腹瀉等疾病並不存在，而痲疹和黑死病也是隨著大都市的興起才出現的疾病。由於人類的移動，病原菌隨之擴散。

戴蒙也認為，農業社會導致人們之間的階級差異。原因在於以狩獵採集為生的人類幾乎沒有必要貯藏食材，只要到周邊附近採集即可。雖說是採集，但獲得的食材十分充足。相較之下，農民必須儲存食材，擁有食材的人和沒有食材的人之間便產生極大的差距。國王的誕生，也讓特定階層的人過著遠比一般農民優渥的生活。

另一方面，現今仍存在的性別不平等，很可能是源自於農業社會。比起以狩獵採集為生的女性，農業社會的女性更容易懷孕，照顧孩子也必須花上更多的時間。此外，女性也比男性更容易罹患傳染病，如此一來，形成男性佔據優勢地位的社會是必然的結果。

過往農民的生活的確較為貧困，但農業比狩獵採集能夠養活更多人也是事實。當邁入農耕生活之初，人口密度約為十平方英里（約二十六萬平方公里）不超過一人，但在之後的農耕生活中，平均來說有將近百倍的人口。

約一萬年前，冰河時期結束，人類被迫做出選擇，也就是選擇以農業養活更多的人口，或是選擇持續狩獵採集生活而不讓人口增加。許多人選擇農耕生活，並且驅逐、殺戮以狩獵採集為生的人類。由此看來，農耕生活或許正是戰爭的起因。

戴蒙最終做出結論：比起農業生活，狩獵採集生活似乎才是更成功而永續的生活方式。依據他的理論，選擇農耕生活著實是「人類史上最大的失敗」。然而我們的祖先還是選擇了農耕生活，而且一般的認知中，以狩獵採集為生的人類終究還是難以建構都市及締造文明。

我們對結果與原因時常有所誤解，有時將原因誤認為結果，有時倒果為因。的確，在我們遠古的祖先中，有許多人不選擇狩獵採集而選擇農耕生活。但我認為，正是因為他們的選擇才讓人口增加，並非因為人口增加迫使他們選擇農耕生活。

在我看來，以農業為生的人類耗費難以想像的漫長歲月，實現以狩獵採集為生的人類無法達成的生活水準。但在這段漫長的時間中，他們的生活水準恐怕遠不及以狩獵採集為生的人類。在漫長的農耕歲月中，人類即使遭遇生活水準降低，平均壽命縮短、性別差距擴大，人與人之間的貧富差距也隨之擴大等種種失敗，也仍然持續農耕生活，實在令人費解！

雖然我們無法保證狩獵採集生活絕對不會讓人類面臨饑饉的困境，但饑饉的確是農耕生活難以避免的問題。大約是從二十世紀開始，人類才終於克服饑饉的威脅（但是現今居住在中非的人們生活水準仍然十分低落）。

比起以狩獵採集為生的人類，過著農耕生活的人類必須更加勤勉。或許人類是為了讓自己變得更勤勞，才轉向農耕生活的吧！

無論如何我認為，由狩獵採集生活轉變為農耕生活，可說是人類史上最大的謎團之一。

2 希臘真的是為了「自由」而戰嗎？

——波希戰爭所代表的真正意義

我們時常會使用「希臘文明」一詞，一般認為此一文明為歐洲文明的起源，並將古希臘及古羅馬合稱為「古典時代」，約略區分為古希臘世界崇尚學問研究，古羅馬世界著重於實用性，而且，如果沒有古希臘，古羅馬也無從存在。

被賦予過度評價的希臘文明

雖然希臘文明被賦予如此高度的評價，但其實它起源於東方世界。西元前二〇〇〇年，東地中海誕生的青銅文明被稱作愛琴文明，接著在西元前一六〇〇年誕生邁錫尼文明。雖然原因不明，但西元前一二〇〇年左右，邁錫尼文明突然滅亡，之後四百年進入「希臘黑暗時代」。換言之，希臘文明呈現安定的狀態，大約要等到西元前八世紀的時候。

在此，希望各位讀者能夠理解，希臘文明原本就是東方文明的後裔。正因如此，如果要研究歐洲歷史卻無視東方文明的影響，可謂悖離了現實，但歐洲歷史的研究對東方文明卻往往採取忽視的態度。如果歐美人士主張希臘文明是歐洲文明的起源，那麼他們對於自身文明中一定程度的東方要素也應該要有所自覺。

讓我們接著往下談。希臘人建設古希臘城邦（polis），雖然古希臘城邦內部本身存在許多對立，但其文化上具有一體性。像是使用希臘語作為共通的語言、信仰共通的神，自稱為「希臘人」，並以輕蔑的態度稱呼不同的民族為「野蠻人」。

而古希臘城邦也被稱為是民主主義的發祥地。在城邦中，由十八歲以上的成年男子組成最高決策機關公民大會，公民大會採用直接民主制，但女性卻完全沒有參政權，奴隸制度也十分發達。許多歷史學家也承認，當時希臘城邦的民主主義與現今民主主義的內涵相去甚遠。

關於希臘的民主主義，法國有名的中世紀史學家雅克勒高夫（Jacques Le Goff）於著作《給我的孩子講歐洲》（*Give Me a Child about Europe*）一書中表示：「希臘所留下的遺產中，最重要的莫過於民主主義（意味著由人民統治）。身為城邦的市民，法律之前人人平等，也力求平等參與公眾事務。」但我認為，雅克勒高夫對希臘的民主主義似乎評價過高，而像這樣的見解，如今仍在歐洲廣為流傳。

古希臘城邦中，最有名的是雅典和斯巴達。當今歷史學研究中，針對古希臘的研究多以雅典為主，對斯巴達的研究則遠遠不足。事實上，在數百個古希臘城邦中，只有雅典曾被仔細地研究過，因此，目前我們對於古希臘城邦的理解，其實還不夠多。一般的教科書中時常寫到：「從雅典可窺見民主政治的原型」，但我認為，這樣的推論實在不夠精確。

對波希戰爭的誤解

詳細記載波希戰爭的人，是被稱為「歷史之父」的希羅多德（Herodotus，約西元前四八五年到前四二〇年）。大多數研究波希戰爭的歷史學家，皆會以希羅多德所著的《歷史》作為詮釋對象，加以論述。

根據希羅多德的見解，波希戰爭是古希臘城邦為了爭取自由，對抗專制政治的波斯阿契美尼德王朝而引發的戰爭，也就是力量微小的古希臘城邦團結一致，同心協力擊敗巨大的阿契美尼德王朝的事件。然而，現今仍然抱持此種看法的歷史學家想必已是少數。大多數的見解認為，波希戰爭是波斯阿契美尼德王朝和希臘古城邦兩帝國主義間的勢力爭奪戰。

由於古希臘城邦向來為糧食短缺所苦，必須從海外的產糧地取得穀物，因此對穀物的需求，正是古希臘城邦往地中海取得殖民地的主要原因之一。另一方面，波斯阿契美尼德王朝的創始者是居魯士二世（Cyrus II，在位期間西元前五五九年～前五三〇年）。居魯士二世征服米底王國和呂底亞王國，消滅新巴比倫，釋放被囚禁的猶太人（新巴比倫曾將猶太人強行帶到巴比倫，史稱巴比倫囚虜）。西元前五二五年，岡比西斯二世（Cambyses II，在位期間西元前五三〇年～前五二二年）併吞埃及，統一東方，阿契美尼德王朝因而變成範圍幅員廣大的帝國（參照地圖1）。面對強大的阿契美尼德王朝，愛奧尼亞地區的希臘人引發動亂，這就是波希戰爭的導火線。根據教科書的記載，以民主政治為基石，雅典市民軍團結一致並派出重裝步兵，於西元前四九〇年的馬拉松戰役中擊潰波斯軍。接著在西元前四八〇的薩拉米斯海戰，希臘聯合軍擊敗波斯軍。之後於西元前四七九年的普拉提亞戰役

地圖 1　阿契美尼德王朝的領土

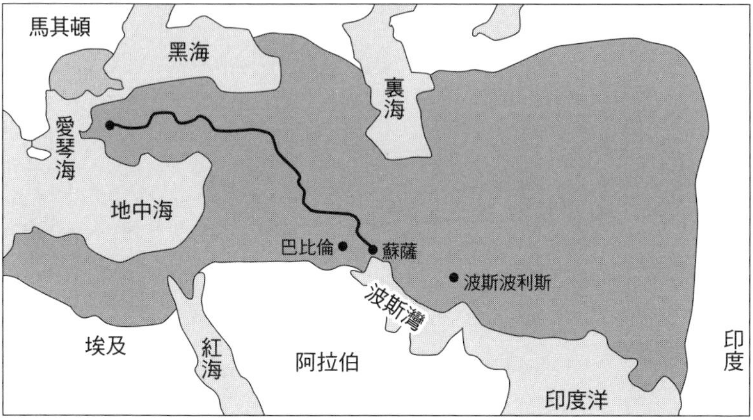

中，希臘軍擊敗阿契美尼德王朝的波斯軍，取得波希戰爭的勝利。

波希戰爭終結於西元前四四九年的卡里阿斯和約，然而此和約是否真的存在始終眾說紛紜，細節亦已不可考，波希戰爭究竟是何時劃下句點，也有各種說法。提到戰爭，通常意味著「war」，戰鬥則是「struggle」，即便「struggle」結束，「war」仍然可能持續。以法律層面來說，發動戰爭後，除非其中一方滅亡，否則必定會締結終戰和約。然而，卡里阿斯和約的存在與否可說是個問號，因此，實際上仍難以確認波希戰爭結束的確切年份。

希臘真的獲勝了嗎？

波希戰爭中，希臘陣營在數次戰役中取得了勝利，這的確是事實。然而，希臘真的獲勝了嗎？

以我的觀點來看，世人很可能高估了波希戰爭的重要性。對於希臘陣營來說，波希戰爭或許是了不起的大事，但對於波斯阿契美尼德王朝而言，算不上是重要的戰役。將波希戰爭視為是波斯阿契美尼德王朝的重要戰役，只能說是歐洲人自我意識過剩所導致的錯誤認知，我們應該跳脫這樣的偏見。

另一方面，雅典也可能將阿契美尼德王朝的威脅當作籌碼加以利用。西元前四七八年左右，為了防範波斯再度進攻，許多希臘城邦以雅典為盟主組成提洛同盟，該同盟的本部位於提洛島。然而，本部在西元前四五四年搬遷至雅典，雅典也因此能夠自由使用同盟的資金。

雅典的專橫總有結束的一天。在伯羅奔尼撒戰爭（西元前四三一年～前四〇四年）中，以斯巴達為中心的伯羅奔尼撒同盟取得勝利，其後由斯巴達擔任希臘的盟主。西元前四世紀中期，底比斯取代斯巴達成為盟主，由於盟主易位頻繁，導致古希臘城邦戰事不斷。

為此一情勢劃下休止符的是馬其頓的腓力二世（Phili Ⅱ，在位時間西元前三五九年～前三三六年）。腓力二世於西元前三八八年擊敗底比斯與雅典的聯合軍，成為希臘的統治者；其子亞歷山大大帝（Alexander the Great，在位期間西元前三三六年～前三二三年）則將版圖拓展到印度河流域，建立廣大的帝國。在建立帝國的過程中，阿契美尼德王朝和希臘古城邦都遭到了滅亡。

被錯誤認知所驅動的歷史

我並不認為波希戰爭是世界史上重要的戰爭，也不認為當時的阿契美尼德王朝敗北。對大帝國而言，波希戰爭不過是西邊小小的戰事罷了，輸贏對後來也不至於產生深遠的影響。

然而，這場戰役卻帶給歐洲人莫大的衝擊，希羅多德主張波希戰爭是為了自由而戰，此觀念在希臘人心中根深柢固，之後的歐洲人也承襲了這個想法。然而，這個顯而易見的錯誤認知卻驅動著歷史的發展。

我們必須注意「自由」一詞究竟是什麼意思。此處隱藏了一個前提，便是歐洲人可能自詡為自由的推手，認為東方及亞洲沒有自由的概念，必須要由歐洲人加以推廣。而歐洲偉大的思想家便以此為前提思考「自由」，並將之化為文字記載。

因此當我們看著這些文字的時候，必須認知到它們是建立在不可靠的前提之上。歐洲人口中所謂的「自由」，指的是從他們的觀點出發所認定的「自由」，而波希戰爭正是催生此一認知的契機。

3 地中海文明邁向落日之境——難以遏止的衰退與變換

對歐洲歷史稍有了解的人，想必對義大利的歷史都有基本的認識。從古代到中世紀之間，義大利的經濟曾經繁榮輝煌，但在步入近代後卻轉向衰退；十八世紀後半英國展開工業革命，義大利更是被拋在後頭。這段歷史到底是怎麼一回事呢？

對義大利的美麗誤解

說到義大利貿易興盛的都市，最廣為人知的莫過於熱那亞和威尼斯。透過香料貿易，熱那亞人及威尼斯人賺取了鉅額的收益。其中，義大利佛羅倫斯的麥第奇（Medici）家族經營金融業，必要時甚至會借款給國王。直至十六世紀，義大利始終維持在歐洲地區的優勢地位，如果詢問當時的歐洲人，將來哪個國家會發生工業革命，想必大部分的人都會回答「義大利」。

瑞典的經濟史泰斗，學者拉斯・芒紐斯松（Lars Magusson）認為，像佛羅倫斯及威尼斯這樣的都市國家，工業早已相當繁榮，在十三世紀時，佛羅倫斯已具備開展工業革命的優秀條件。由於資金充裕的商人提供資金，讓佛羅倫斯得以推行家庭手工業制度，並進一步組織化經營，發展毛織品產業、加工生產皮革等商品。十三世紀初的佛羅倫斯，也是當時基督教世界最大的都市，正因為這些原因，芒紐斯松主張，當時的佛羅倫斯距離工業革命只差了一步。

然而，義大利最終仍然走向沒落。芒紐斯松認為其中的理由在於義大利是都市國家，國家力量較小，難以介入甚至促進經濟發展。隨著歐洲主權國家的誕生，國家有時能動用武力保護市場，也能讓市場活動更為順利，只有都市國家規模的義大利無法做到這一點。芒紐斯松主張，由於義大利直到十九世紀仍未形成主權國家，因此淪為阿爾卑斯山以北各國的軍事餌食。

上述芒紐斯松所秉持的理由，的確是義大利經濟衰敗的原因之一，但是本書將從其他觀點探討此一問題。首先讓我們仔細思考，義大利真的有我們想像中的那麼先進嗎？

不成熟的金融環境、木材不足、運送成本上升

義大利發展銀行制度的歷史，可追溯到西元一四〇六年熱那亞的聖喬治奧銀行，該銀行被認為是世界上最古老的銀行。話雖如此，義大利的銀行雖然發展出匯兌、借款和投資等機能，卻沒有發展出透過銀行放款增加貨幣供應量的信用創造制度。當時義大利的銀行，並不具備今日銀行所擁有的金融仲介機能（收集存款客戶的財富再貸款給企業），因此無法與近代的銀行相提並論。

除了銀行外，與其他地區相比，義大利也是海上保險的先驅。然而，此時保險業的發展欠缺必要的機率論，所以難以計算保險費的費率。因此，義大利的銀行業和保險業等，絕對無法與近代的銀行業和保險業劃上等號。換句話說，我們難以推斷義大利擁有發達的金融體系，更不用說進一步的推論義大利的金融體系足以創造近代世界，一般的見解顯然過份誇大義大利與近代世界間的關聯。

況且，地中海自古以來發展的貿易和海運業，反而對義大利產生了負面影響。

為了建造船隻，地中海地區的森林被大肆砍伐，然而森林一旦被砍伐，便難以恢復原貌，而鐵製船隻要等到十九世紀時才出現，地中海地區因缺乏造船用的材料，導致海運業衰退。

以威尼斯為例，過往為了造船，威尼斯從國外購買木材，在國內加上帆和桅杆，並禁止由國外買入整艘裝備齊全的船隻，但後來由於砍伐森林導致木材嚴重缺乏，十六世紀末便廢止了此禁令。

十六世紀末期，地中海各國與各個都市不只開始雇用北歐各國的船員，也從北歐引進了許多新技術，其中最具代表性的技術之一，是德國的漢薩同盟時常使用的柯克船。而此時，地中海地區已經失去造船技術的領先地位。此外，熱那亞長年使用以囚犯、俘虜以及奴隸作為人力的槳帆船，尚不需要什麼人力上的成本，但之後也開始雇用一般人民，導致運輸成本的提高。

義大利的海運原本靠著便宜的勞動力維持，一旦喪失廉價的勞動力，運輸成本自然隨之上升。

能源不足的條件限制

近代以煤炭和木炭作為兩大能源，英國便是以煤炭的供給地區聞名。英國的煤炭不僅在國內使用，也輸出到丹麥（挪威）、德國及荷蘭等地，對北海經濟圈而言，英國可說是穩定的能源供應站，因此，北海地區不會發生能源不足的問題。

接著讓我們來看看波羅的海地區。波羅的海所擁有的能源並非煤炭，而是木炭。加上波羅的海地區的人口本來就不多，沒有必要使用煤炭。同時，該地區也有豐富的森林資源，能夠大量利用木炭。回過頭來，地中海的情況又是如何呢？如前所述，地中海的森林資源已經枯竭，從森林獲得木炭資源變得困難，義大利也幾乎沒有生產煤炭。

綜合以上的觀點，缺乏能源的義大利，經濟成長的程度有限。因此，我認為義大利不太可能催生出世界上最早的工業革命。

受糧食不足所苦的地中海都市

地中海地區所生產的穀物原本可以自給自足，然而到了十六世紀末，整個地中海地區卻面臨糧食不足的困境，因此十七世紀初的義大利商人只好允許外國船隻進入。例如熱那亞、威尼斯和利佛諾等地中海都市，都與位於波羅的海沿岸，輸出大量穀物的波蘭但澤（格但斯克）有締結定期的事業關係。由此可知，地中海地區糧食不足的情況並非短期的現象，長久以來，該地區都面臨糧食短缺的危機。

隨著人口的增加，整個歐洲都發生糧食不足的問題，然而與北大西洋各國相比，地中海各國糧食不足的問題似乎更為嚴重。法國歷史學家費爾南·布勞岱爾（Fernand Braudel）對於地中海都市有以下見解：「對於都市國家而言，十六世紀並不是個能夠輕鬆過活的世紀。糧食不足與疾病的問題再三困擾著各個都市，由於運送遲延、過度昂貴的運費以及收成不穩定，無論是哪個都市，終年都必須面臨糧食危機的問題。只要再增加一點點的壓力，處於極限邊緣的都市就會被擊垮。」

地中海地區自一五七〇年左右，便必須仰賴北歐輸入穀物，來自荷蘭阿姆斯特丹、波蘭但澤以及漢堡等地區的船隻數量大幅上升，這些船所載送的物資，便是從波蘭進口的小麥。地中海地區透過北歐船隻，由波羅的海地區進口穀物，義大利的船舶可說是已無用武之地。

北歐海運業的壯大

當時北歐的眾多船隻來到地中海，然而地中海的船隻卻無法前進北歐，由此我們不難理解歐洲北部與南部的經濟關係為何會產生逆轉。

從北歐到地中海的船舶中，原先數量最多的大概是英國船隻，其次應該是荷蘭船隻。但是在這裡我想和各位談談瑞典的船隻，這和我的專業領域也有關係，從瑞典船隻的活動，我們能看出當時歐洲的商業和經濟狀況。

首先，瑞典處於中立角色，對戰火頻仍的歐洲來說，即便是戰爭期間，也能安心運用瑞典的船隻。近代的瑞典，是歐洲屈指可數的海運國家，而瑞典的船隻也會進出地中海。十八世紀左右，瑞典船隻航向地中海各個港口，也會運用不定期航運運送地中海的產品，這也意味以往由義大利船隻所承擔的地中海內部商品運送，被瑞典船隻等北歐船舶取而代之，義大利海運業的衰退可見一斑。

瑞典船隻的航線，首先前往葡萄牙取得殖民地物產，接著往地中海各個都市過冬，再從地中海各都市取得鹽，之後回到瑞典港口，這樣的路線在當時相當常見。

以往義大利藉由海運，將東南亞運送至埃及亞歷山大港的香料運回義大利，並運送到歐洲各地，因此海運是義大利經濟繁榮的基礎。相對地，當義大利失去海運優勢時，經濟發展也同樣遭受重大打擊。不過，以我的觀點來看，即使義大利半島成為一個統一的國家，但建造船舶的資源仍然不足，義大利仍然難逃經濟衰退的命運。

4 無遠弗屆的影響力——伊斯蘭勢力的興起

伊斯蘭的世紀與地中海

西元七世紀初，伊斯蘭的力量迅速崛起，勢力範圍開始往地中海拓展。伊斯蘭勢力不僅為歐洲史帶來重大衝擊，更讓世界史產生極大的變化，因此西元七世紀也被稱為「伊斯蘭的世紀」。有種見解主張，於伊斯蘭的勢力往地中海擴張，而將地中海從過去歐洲的內海轉為伊斯蘭的海域。最初提出此學說的是比利時的著名歷史家亨利・皮雷納（Henri Pirenne，西元一八六二年～一九三五年）。

皮雷納在著作《穆罕默德與查理曼大帝》（*Mohammed and Charlemagne*）一書中，提及伊斯蘭世界因穆罕默德而誕生，伊斯蘭勢力崛起，打破以往由歐洲人所構築的古代地中海世界統一性，歐洲世界的中心開始往內陸移動，影響地中海地區與法蘭克王國墨洛溫王朝及卡洛林王朝的往來。墨洛溫王朝（西元四八一年～西元七五一年）時，古羅馬以來的地中海商業活動仍持續進行，然而在卡洛林王朝（西元七五一年～西元九八七年）時，商業活動已不復見。

另一方面，由於穆罕默德入侵地中海世界，讓卡洛林王朝的查理曼大帝（在位時間西元七六八年～西元八一四年）得以登基，「如果沒有穆罕默德，就沒有查理曼大帝」，這句話說得一點都沒錯。

羅馬人的內海

地中海比波羅的海更廣闊，但地中海周圍卻比波羅的海更早形成統一的商業圈。由於此處相當接近美索不達米亞文明的發祥地，地中海的發展或許也受到地理環境的影響。而地中海地區先後被腓尼基人與古羅馬人開發，也讓地中海周圍逐漸形成統一的商業圈。我們可以推測，地中海的一體性來自於腓尼基人與古羅馬人的商業活動。

我認為腓尼基人所扮演的角色，比羅馬人更為重要。有一種說法是，腓尼基人航行的範圍由非洲南端到阿拉伯半島，往新世界邁進。雖然我不贊同上述觀點，不過就羅馬人的相關論述來看，沒有論點主張羅馬人有過類似上述腓尼基人的活動紀錄。此外，腓尼基人於非洲所建立的迦太基，更是比羅馬還要強大的海運國家。

布匿戰爭（西元前二六四～西元前一四六）是腓尼基人與羅馬人三度爭奪地中海霸權的戰爭，羅馬獲得最終的勝利，腓尼基人所建立的迦太基也因而滅亡。腓尼基人幾乎沒有留下迦太基相關的史料，而羅馬人滅亡迦太基之際，更將都市破壞殆盡，對於迦太基究竟是怎樣的國家，我們知道的實在少之又少。

地中海在當時之所以獨立成一個世界，地理位置也是相當重要的影響因素，跟越過阿爾卑斯山相比，在地中海內部從事商業活動更容易。古代的地中海是羅馬人的內海，然而地中海的面貌在中世紀便有所改變。如果要檢驗皮雷納的主張正確與否，我們必須探究由古代到中世紀歐洲經濟的演變。

被否定的皮雷納史觀

雖然皮雷納史觀在當今日本具有相當大的影響力，然而歐美的歷史學界，甚至是日本的西洋中世紀史學家，卻都對皮雷納史觀提出了反對意見。從現實的觀點來看，事實非常明確，那就是地中海並沒有完全成為穆斯林（伊斯蘭教徒）的海域，從古代開始，歐洲人便持續在地中海歐洲沿岸進行貿易往來。

換言之，我們很難認為是伊斯蘭勢力的影響，使得地中海沿岸與西歐或拜占庭分離，成為獨立封鎖的地區。實際上，穆斯林商人與歐洲商人也有貿易往來。即便因戰爭處於對立關係，但從古到今，商人彼此的貿易往來不受戰爭影響，也不是什麼稀奇的事情。

而伊斯蘭國家也從西歐國家進口奴隸。比方法國的凡爾登與伊斯蘭支配下的西班牙之間，便有奴隸貿易的往來。此外，以歐洲人作為媒介，阿拉伯人在義大利與法國普羅旺斯之間的海上交通暢行無阻。

穆斯林商人與歐洲商人之間有貿易往來無庸置疑，雖然因為非洲北部被伊斯蘭勢力所支配，動搖自古持續的地中海世界統一性，但在中世紀的地中海，義大利商人與穆斯林商人之間也開始進行貿易活動，展開跨文化之間的交流。伊斯蘭與基督教間的商業關係，遠比皮雷納想像的更為緊密。

跨文化貿易的發展

「跨文化貿易」在近年的歷史學界是備受矚目的觀念。西元一九八四年美國學者菲利普・科廷（Philip D. Curtin）提出此一詞彙。「跨文化貿易」由字面上便可看出，它所指的是文化相異的人們之間的交易往來，由於跨文化貿易必定是規模較大的貿易，因此屬於國際貿易的情況非常多。

科廷的論著出版後已過了三十年，今天的跨文化貿易也泛指基督教的天主教與新教，以及新教中不同宗派信徒之間的交易，不僅限於宗教，不同宗派也涵括在內。

菲利普・科廷的影響擴及許多地區，現今的全球史也受到其影響。相信各位讀者也注意到，以多個國家間的歷史作為研究主題的風潮勢不可擋。今天「跨文化貿易」的概念不僅在歐美，連在日本學界也廣為人知。

人們往世界各個角落移動的情況，當今研究稱之為「流散」。其中最具有代表性的人物，毫無疑問地就是商人。商人們即便流散到各處，仍然沒有與原先居住地區的人們切斷關係，甚至因為流散的現象，使商人集團更加團結一致。

地中海是網絡的交會點

讓我們重新將焦點放回地中海。西元七世紀，穆斯林商人開始往地中海移動，這也可說是一種流散吧！透過穆斯林商人的流散，伊斯蘭的網絡更加擴張，與歐洲商人的網絡也開始搭上了線。

此時的關鍵在於，地中海有羅馬公教信徒、拜占庭帝國（東正教會）的商人，以及伊斯蘭信徒在此活動。各式各樣的宗派在地中海地區從事貿易往來，正是當時地中海商業活動的重要特徵。

隨著伊斯蘭勢力越增強，地中海所連結的世界也越廣闊。例如阿拔斯帝國（西元七五〇年～一二五八年）全盛時期的支配範圍，就是由伊比利半島橫跨至中亞。地中海地區形成了涵括不同文化的交易圈，交易圈的擴大也讓地中海的網絡越加發達。換言之，由於伊斯蘭勢力的崛起與擴張，使得地中海所連接的世界更開闊。

轉變為世界宗教的伊斯蘭教

西元七世紀的伊斯蘭得以擴張勢力，起源於穆罕默德時代（西元六二二年～西元六三二年），接著是正統哈里發時代，透過推舉或選舉而選出正統哈里發，在正統哈里發的統治下，恪守穆罕默德的教義。透過發動聖戰，伊斯蘭勢力甚至將領土拓展到西亞，接著征服敘利亞、埃及、伊朗等。

正統哈里發時代與穆罕默德的時代仍然有所差異，不同之處在於正統哈里發時代否定部族間的結盟，主張人人平等，讓伊斯蘭教被更多人所接受，也為伊斯蘭王朝帶來大幅變革。但此時即使是伊斯蘭教徒，如果不是阿拉伯人，仍要繳交人頭稅和土地稅。

進入阿拔斯王朝後的伊斯蘭王朝有更飛躍性的變革。正統哈里發時代和伍麥亞王朝統治的時期，伊斯蘭王朝仍是屬於「阿拉伯人」的王朝，但阿拔斯王朝否定阿拉伯人具有特權，即使不是阿拉伯人，也無需繳交人頭稅。阿拔斯王朝將阿拉伯人的王朝轉為伊斯蘭教徒的王朝，帶來巨大的變革，也被稱為「阿拔斯革命」。阿拔斯王朝的領土持續擴張，全盛時期的勢力橫越伊比利半島到中亞。

地圖2　阿拔斯王朝的最大版圖

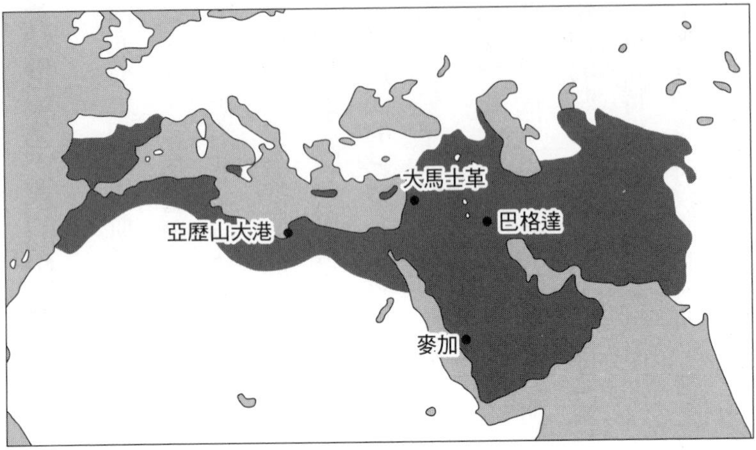

出處：玉木俊明《歐洲霸權史》筑摩書房，2015年，第89頁

由於阿拔斯王朝，伊斯蘭教不再只是阿拉伯人的宗教，而是跨越了民族藩籬，轉而成為世界性的宗教。

被壓制的歐洲

地中海貿易圈包含眾多不同的文化，而地中海的貿易網絡非但沒有因為伊斯蘭勢力崛起而被封鎖，反而更加強和外部地區的連結，從歐洲邁向中亞，開展廣大的商業空間，這是不容忽視的事實。

然而，這樣的跨文化貿易圈，並非藉由強力的經濟紐帶所連結，或許該說，在商業層面上的連結性並不強。原因在於，我們沒有聽說過阿拔斯王朝的商品進口到歐洲，或反過來由歐洲的商品進口到阿拔斯王朝。如果以常識來思考，阿拔斯王朝的經濟力量應該遠勝歐洲，那時候的歐洲，只不過是廣大跨文化貿易圈中的一環。當時可說是伊斯蘭一枝獨秀的時代，歐洲在漫長的時光中，勢力始終不足以和伊斯蘭相抗衡。

5 被過度吹捧的「商業復興」

什麼是「商業復興」呢？

歐洲史上曾經發生被稱為「商業復興」的現象，這也是前面提到的知名歷史學家亨利・皮雷納所提出的學說。他主張在卡洛林王朝時，由於伊斯蘭勢力拓展到地中海，歐洲商業因而衰退，然而在西元十一到十二世紀，歐洲商業再度復活，這便是「商業復興」。

然而，如同前面章節向各位讀者介紹過的內容，歐洲商業與伊斯蘭商業緊密相連，我甚至認為，藉由與伊斯蘭的關係，讓歐洲商業更加興盛，形成繁榮的經濟世界。

話雖如此，讓我們檢視皮雷納的學說，並試著提出反對意見吧！根據皮雷納的學說，由於伊斯蘭勢力範圍遍及地中海，導致歐洲商業活動大幅衰退，歐洲因此成為以農業為中心的社會，遠距的貿易幾乎絕跡。

然而，西元十一到十二世紀時，伊斯蘭勢力逐漸退出地中海，之後在北海與波羅的海等地區，維京人的掠奪行動也劃下休止符，北海與波羅的海迎來和平的日子。以農業層面而言，分為春耕地、秋耕地和休耕地等三年週期輪作的三圃制農業普及化，取代二圃式農業（反覆小麥冬作與休耕的農法），提高農業生產力。接著，因伊斯蘭入侵而衰退的地中海貿易也開始復甦，例如北義大利的威尼斯人和熱那亞人開始進行黎凡特貿易（東方貿易），將香料帶入歐洲。接著，北義大利人也以法蘭德斯地區（現在的法國北部、比利時西部，荷蘭南部等地區）為中心，展開與北歐各個都市間的貿易。

義大利和北歐之間的聯繫，使得內陸交通更加發達，加上法國北東部開放香檳地區的定期市場，發展內陸各都市，原先因伊斯蘭入侵而衰退的歐洲貨幣經濟也更加活躍（然而，我認為中世紀的內陸交易絕對稱不上大量，以我的觀點來看，由於近代海上貿易的發達，才將歐洲北部與南部統合為經濟圈），因此帶來商業復甦，都市人口增加，恢復活力與生氣。

維京人所主導的商業景況

以上就是皮雷納的學說，從現今的研究出發，讓我們來探討皮雷納學說的正確性有幾成。如前所述，我並不支持皮雷納的主張，包括地中海是完全屬於伊斯蘭的海，以及歐洲商人被伊斯蘭趕走等說法。況且身為歐洲史學家的皮雷納，並沒有將焦點放在伊斯蘭勢力帶給歐洲的正面影響，由他的說法可知，他也沒有考量到基督教徒與穆斯林的交易。

再者，我認為皮雷納對維京商人的評價過低。皮雷納有生之年所認知的維京人形象，或許的確是單純的掠奪者，然而，維京人開拓相當廣大的商業活動網絡，從俄羅斯到英國都屬於維京人的活動範圍，他們的活躍如今已成為公認的事實。

透過考古學的發現，人們也見識到維京人所建設的各個都市遺跡。例如在斯德哥爾摩西方約二十九公里、位於比約雪島的比爾卡（Birka），以及維京人在日德蘭半島的根據地海澤比（Hedeby）、英國的約克（York）、愛爾蘭的都柏林（Dublin）、法國的勒昂（Leuhan）等。由於所處時代的限制，皮雷納未能了解過去存在如此大規模的商業網絡，因此當皮雷納探討商業復興現象時，對前提要件有所誤解。我們應該明白，正是因為維京人的活躍，才讓北海和波羅的海商業活動蓬勃發展。

商業活動並不是「復興」，而是延續。與古代羅馬世界相比，由於維京人的活躍，商業活動的範圍可能還更為廣闊。因此以我的觀點來看，皮雷納的主張有非常明顯的錯誤。漢薩同盟很可能承繼維京人的商業網絡，最起碼我們可以知道，從商業圈的角度來看，維京人的後繼者是漢薩同盟。

那麼，皮雷納學說關於地中海的見解是否正確呢？如同前面所強調的重點，地中海並沒有受到伊斯蘭的影響，由歐洲的海轉變為伊斯蘭的海，皮雷納的主張沒有得到證實。如果要我再多說些什麼，我認為在世界史的研究範圍，皮雷納和地中海史學家們都過度強調了地中海的重要性。

義大利沒有成為香料貿易主導者的關鍵

如同前面章節所言，伊斯蘭世界於阿拔斯王朝時在地中海建立廣闊的商業圈，然而，在被稱為商業復興的十一到十二世紀，阿拔斯王朝也逐漸步向衰敗，榮光不再。

地圖③　香料貿易主要路線

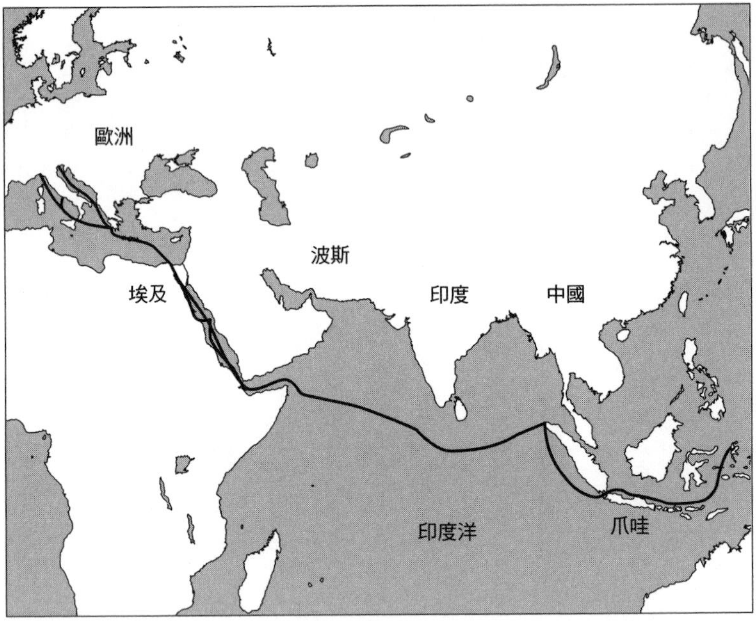

雖然我們無法確認從東南亞摩鹿加群島取得的香料數量究竟有多少，但可以肯定的是，在古代羅馬時代，香料便從印度洋經過紅海，送到亞歷山大港，進而從亞歷山大港送到義大利，義大利也藉由香料貿易獲得巨額財富，而該條路線在十一世紀時仍被持續使用。

義大利認真擴展香料貿易的時間，約在西元十四到十五世紀左右，但義大利都市會被認為在商業復興中復甦，黎凡特貿易可說是原因之一。以香料貿易為基礎，中世紀的義大利發展興盛繁榮，義大利商人透過香料貿易獲得巨大利益。然而，義大利商人的運輸路線從亞歷山大港到義大利，僅限於地中海，大概是為了迴避危險的暴風雨，略去由東南亞到印度洋，接著經過紅海的路線吧！

地圖③顯示東南亞香料貿易的主要路線。如果觀察這張地圖，各位讀者可以理解，在全部的路線中，義大利只佔了微小的部分。至少，從貿易的距離來看，很難說義大利在香料貿易扮演什麼重要的角色。義大利對於歐洲而言或許十分重要，但就香料運送路線整體來看，義大利並非要角。

讓我們把時間軸稍微往後拉。對於歐洲來說，黎凡特貿易指的是和鄂圖曼帝國的貿易，而不是和東南亞的貿易。因此我們可以了解，義大利直接的交易對象絕非東南亞，歐洲人直接和東南亞交易，還要等到西元十六世紀。

重新檢視跨文化貿易與商業復興

在此讓我們先來說明一個大前提，在十一到十二世紀的歐洲，香料對於富裕階層而言非常重要。香料從東南亞被運送到義大利，能夠負擔如此長距離貿易的人，絕大多數是穆斯林商人，歐洲商人所佔的比例相當低，我們必須牢記商業復興是在這樣的狀況下產生的。

以商業復興的時間點來看，歐洲的商業活動，在北海和波羅的海由漢薩商人主導，在地中海則是義大利商人佔有優勢，商業活動的確比以往更為興盛。然而，我們必須注意，這些貿易活動其實是承續過往的商業交流。

另外，從東南亞到歐洲北部的商業圈中，我不認為歐洲商業圈角色吃重。當時的歐洲交易圈對於世界經濟而言，到底有多重要的地位，固然是今後的研究課題，但是在該交易圈中，義大利人其實並不怎麼重要。

巨大的跨文化貿易圈讓商業得以復甦，但在該交易圈中，歐洲所佔的比例非常小，當我們閱讀世界史時，絕不能忘記這一點。只不過，歐洲的經濟能力在商業復興後日趨增強也是事實。歐洲經濟成長的幅度並不迅速，而是一步步往前邁進。歐洲被認為超越亞洲，並享有經濟優勢地位的時間點，大約在西元十八世紀後半。

商品在跨文化間的交易不僅從東向西，也可能由西向東。換句話說，將香料運送到歐洲的路線存在已久，歐洲利用該路線，讓自身勢力躍上世界舞台。

第2章

逆轉的世紀

歐洲超越了富饒的亞洲

1 大航海時代的真相——西洋奴隸貿易到底如何形成

大航海時代的起源

大航海時代的起因究竟是什麼呢？老實說，要回答這個問題實在非常困難，以現階段來說，仍然是沒有答案。不過如果我只告訴各位「沒有答案」也未免太過草率，但不論是什麼問題，都有可能找不到明確的解答，我想，就在此提出我對大航海時代的看法吧！

如同前面章節所述，歐洲有段漫長的期間處於伊斯蘭勢力的範圍下，必須透過穆斯林商人才能夠取得從亞洲來的眾多物產，因此歐洲人在知識、政治及經濟等各方面都處於較封閉的狀態。以此為背景，祭司王約翰的傳說故事於焉誕生。祭司王約翰的傳說，主要內容是描述亞非地區的某處，某個基督教國家的國王戰勝伊斯蘭教徒的故事。從這個故事我們也可以知道，當時的歐洲人想必已經察覺到自身的弱小，他們懷著由伊斯蘭教徒手中奪回聖地耶路撒冷的野心，發起十字軍運動，但雄心壯志很快便煙消雲散，而十字軍運動更讓世間感受到歐洲人的無知和無力。然而，一次又一次的失敗，讓歐洲人將伊斯蘭教徒趕出歐洲的決心更加堅定，並且一步步取得成功。

當中經典的例子，就是伊比利半島的收復失地運動。西元七一一年伍麥亞王朝入侵伊比利半島，將時間軸拉長，可將此時視為收復失地運動的開始。直到西元一四九二年，西班牙軍隊攻陷格拉那達，奈斯爾王朝滅亡，收復失地運動在此劃下句點。

大航海時代與收復失地運動有著密不可分的關係，以實際的狀況來看，更應該說是在不知不覺中，收復失地運動正朝著大航海時代的方向發展。

葡萄牙的對外發展

收復失地運動的主角雖然是西班牙，不過卻是由葡萄牙先將觸角探出了歐洲以外的世界。

引導葡萄牙往海外發展的重要人物，想必讀者也不陌生，他便是航海王子亨利（Infante D. Henrique，西元一三九四年~西元一四六〇年）。雖然被稱為航海王子，但亨利王子因容易暈船而難以乘船一事，也是廣為人知的軼聞。

在收復失地運動的過程中，葡萄牙在西元一四一五年取得非洲西部的休達。除了古羅馬時代，休達是歐洲首次奪得歐洲以外地區的殖民地，葡萄牙以休達作為殖民地一事，也被認為是歐洲帝國主義的開端。

不過，葡萄牙為何會透過海路往非洲前進呢？其實，歐洲人以前取得黃金的管道，來自撒哈拉沙漠南部的幾內亞穆斯林商人。葡萄牙人從海路往非洲前進，目的便是為了打破過往透過穆斯林商人取得黃金的狀況，想透過海路直接從幾內亞取得黃金。

西元一四四四年，葡萄牙人經由海路到達位於撒哈拉沙漠南端的幾內亞。從此，葡萄牙人毋須仰賴伊斯蘭教徒的跨撒哈拉貿易，便能直接由非洲南部獲得黃金，如此一來，便完成了基本的沿岸航海路線，這也和歐洲人前進新世界或前往亞洲的大航海時代有關。以非洲大陸西岸交易的發展作為基礎，歐洲逐步邁向大航海時代，不過正式進入大航海時代，還須等到稍晚的一四八八年，隨著巴爾托洛梅烏・迪亞士（Bartolomeu Dias）發現好望角，歐洲人也飛快地往新世界邁進。

以商人為先鋒的大西洋貿易

如同下一頁的表1所示，各位可以看到航行於大西洋的船舶所運送的奴隸數目。雖然在十六世紀，西班牙的奴隸運送數目相當多，不過葡萄牙的運送數目卻更超過西班牙。接著從表2我們可以得知，絕大多數的奴隸並非被送到葡萄牙的殖民地巴西，而是被送到西屬美洲。

十六世紀的巴西，砂糖種植尚未發達。然而，不僅只有西班牙船隻，葡萄牙船隻也同樣將西非黑人運送到西屬美洲。我們應該如何思考這件事呢？我們可以推論，在當時並非由國家從事商業活動，而是由商人自行形成組織從事商業活動，以上的狀況便是很好的證據。

葡萄牙商人和西班牙商人應該是共同由幾內亞進口黃金的夥伴，而他們所進口的資源，也包括黑人奴隸在內。因此，我們可以推測，雖然葡萄牙商人擁有將西非

（單位：人）

尼德蘭七省共和國	法國	丹麥／波羅的海地方	合計
0	0	0	13,363
0	0	0	50,763
0	66	0	61,007
0	0	0	152,373
0	0	0	352,843
824	1,827	1,053	315,050
0	7,125	653	488,064
3,327	29,484	25,685	719,674
3,277	120,939	5,833	1,088,909
34,004	259,095	4,793	1,471,725
84,580	325,918	17,508	1,925,314
67,443	433,061	39,199	2,008,670
109,545	135,815	16,316	1,876,992
1,850	68,074	0	1,770,979
476	0	0	225,609
305,326	**1,381,404**	**111,041**	**12,521,336**

表1 大西洋奴隸運送數（船舶）

	西班牙／烏拉圭	葡萄牙／巴西	英國	荷蘭
1501-25	6,363	7,000	0	0
1526-50	25,375	25,387	0	0
1551-75	28,167	31,089	1,685	0
1576-1600	60,056	90,715	237	1,365
1601-25	83,496	267,519	0	1,829
1626-50	44,313	201,609	33,695	31,729
1651-75	12,601	244,793	122,367	100,526
1676-1700	5,860	297,272	272,200	85,847
1701-25	0	474,447	410,597	73,816
1726-50	0	536,696	554,042	83,095
1751-75	4,239	528,693	832,047	132,330
1776-1800	6,415	673,167	748,612	40,773
1801-25	168,087	1,160,601	283,959	2,669
1826-50	400,728	1,299,969	0	357
1851-66	215,824	9,309	0	0
合計	**1,061,524**	**5,848,265**	**3,259,440**	**554,336**

出處：http://www.slavevoyages.org/tast/index.faces

（單位：人）

丹麥屬西印度	西屬美洲	巴西	非洲	合計
0	12,726	0	0	13,363
0	50,763	0	0	50,763
0	58,079	2,928	0	61,007
0	120,349	31,758	0	152,373
0	167,942	184,100	0	352,843
0	86,420	193,549	267	315,050
0	41,594	237,860	3,470	488,064
22,610	17,345	294,851	575	719,674
10,912	49,311	476,813	202	1,088,909
5,632	21,178	535,307	612	1,471,725
21,756	25,129	528,156	670	1,925,314
43,501	79,820	670,655	1,967	2,008,670
19,597	286,384	1,130,752	39,034	1,876,992
5,858	378,216	1,236,577	111,771	1,770,979
0	195,989	8,812	20,332	225,609
129,867	**1,591,245**	**5,532,118**	**178,901**	**12,521,336**

表2 奴隸運送目的地

	歐洲	北美大陸	英屬加勒比	法屬加勒比	荷屬美洲
1501-25	637	0	0	0	0
1526-50	0	0	0	0	0
1551-75	0	0	0	0	0
1576-1600	266	0	0	0	0
1601-25	120	0	681	0	0
1626-50	0	141	34,045	628	0
1651-75	1,597	5,508	114,378	21,149	62,507
1676-1700	1,922	14,306	256,013	28,579	83,472
1701-25	182	49,096	337,113	102,333	62,948
1726-50	4,815	129,004	434,858	255,092	85,226
1751-75	1,230	144,468	706,518	365,296	132,091
1776-1800	28	36,277	661,330	455,797	59,294
1801-25	0	93,000	206,310	73,261	28,654
1826-50	0	105	12,165	26,288	0
1851-66	0	476	0	0	0
合計	**10,798**	**472,381**	**2,763,411**	**1,328,422**	**514,192**

出處：http://www.slavevoyages.org/tast/assessment/estimates.faces

黑人奴隸運送到歐洲的能力，但也少不了西班牙商人從中協助。西班牙商人及葡萄牙商人共同合作，從事大西洋奴隸貿易，將奴隸運送到西班牙殖民地的南美礦山從事勞動。

讓我們再次將視線移到表2。這張表顯示奴隸貿易的時間點與地區，十六世紀是西屬美洲時期，十七世紀（一六七五年）左右是巴西時期，十八世紀是英屬加勒比殖民地的時期。

我認為，在十六世紀到十七世紀左右的時期，與國籍無關，商人可以自由活動，然而在邁入十八世紀後，便進入了國家加強管理貿易活動的時代。

而十八世紀英法為爭奪新世界殖民地爆發戰爭，商人也受到戰爭波及，國家因而打造軍艦，保護商人的貿易活動。不過，十六世紀時國家也並非完全沒有影響力，在當時的環境下，國家力量一步步逐漸增強。

「砂糖帝國」葡萄牙

從以前就有許多人認為英國是大西洋貿易的主角，現在這麼想的人大概也不少，當時奴隸貿易的數量也是英國最高，因此，我們或許可以推測英國是大西洋貿易的中心。

然而，從現實的情況來看，十八世紀時，英國的奴隸貿易才開始超越其他國家。在這之前，葡萄牙佔奴隸貿易的大宗，葡屬巴西更是奴隸運送的首要目的地。也就是說，觀察大西洋經濟時，南大西洋的貿易比北大西洋更重要。奴隸運輸人數居冠的葡萄牙以南大西洋為重心，利用從西非送來的黑人奴隸從事砂糖生產的工作。

但葡萄牙商人所扮演的角色不僅止於此。許多原本住在葡萄牙的塞法迪猶太人（十五世紀末被逐出伊比利半島的猶太人）紛紛移居至葡屬巴西。荷蘭曾經短期佔領巴西的一部分，所以十七世紀中期，荷蘭的塞法迪猶太人也移居到巴西。來自葡萄牙的塞法迪猶太人，將砂糖的製作方式傳授給來自荷蘭的塞法迪猶太人，砂糖的製作方式也因此流傳至荷屬西印度群島，進而傳到英屬與法屬西印度群島。

新世界之所以能夠大量生產砂糖，原因在於葡萄牙的砂糖生產方法，流傳到包括西印度群島在內的各個地方。由數個國家所構成的大西洋貿易帝國，也可說是砂糖帝國。

2 近代世界權力轉移的真相——霸權爭奪戰的真實面貌

近代世界究竟如何誕生，又擁有哪些機能呢？美國的社會學家伊曼紐・華勒斯坦（Immanuel Wallerstein）從世界整體的觀點出發，試圖回答這些關於近代世界的問題。華勒斯坦在一九七四年提倡「近代世界體系」，他的近代世界體系觀點，引來許多贊同和否定等褒貶不一的意見，但此一論點仍然影響深遠。

妥善運用他國成果的英國

根據華勒斯坦的主張，近代世界體系源於國際分工體制。以往歐美等先進國家自亞洲和非洲等地區進口原物料，製成工業製品，再出口到亞洲和非洲等地區。過往的分工狀況，在某種程度上，也延續到了今日。華勒斯坦認為，正是因為國際分工的運作方式，讓亞洲和非洲無法邁向工業化，處於低開發國家的狀態。

在華勒斯坦提出的世界體系理論中，在工業、商業及金融業三個領域具有壓倒性經濟力量的「霸權國家」，被華勒斯坦稱之為「核心」。核心擁有強大的權力，能將邊陲各國納入勢力範圍，半邊陲則是介於核心與邊陲的緩衝地帶。上述型態的運作體系誕生於十六世紀中葉的歐洲，之後席捲世界。據華勒斯坦的說法，迄今只出現過三個霸權國家。分別是十七世紀中期的荷蘭、十九世紀末期到第一次世界大戰爆發時的英國，以及第二次世界大戰後到越戰爆發時的美國。

以我個人的觀點來看，工業、商業及金融業的重要性因時代而異，即使未在這三個領域稱霸，也可能是「霸權國家」。不過，就實際的情況來看，以上三個國家的確是霸權國家。

以下我們要討論的重點，在於霸權為何由荷蘭轉為英國。荷蘭為了取得霸權，相當重視從波羅的海出口穀物到歐洲各地的貿易，甚至將波羅的海的貿易稱之為「貿易之母」。從這個角度觀察，荷蘭的霸權僅限於歐洲內部。其後英國將此一霸權系統拓展到全世界，成為霸權國家，「大英帝國」正如同字面上的意義，是個名副其實的世界帝國。

那麼，我們又該如何思考霸權由荷蘭轉移到英國的現象呢？以我的觀點來看，英國取得霸權地位，不僅和荷蘭有關，也歸功於葡萄牙的貢獻。英國取得霸權並非全憑一己之力，而是妥善運用其他國家的資源，並進一步讓自身獲得更大的利益。

新世界市場的爭奪戰

據目前的研究顯示，近代荷蘭為地方分權國家，中央政府沒有控制商人活動的權力。因此各式各樣的商人流動至荷蘭，特別是荷蘭的阿姆斯特丹。商人的流動趨勢，有助荷蘭取得霸權。

然而，對荷蘭來說，這不全然是件好事。到阿姆斯特丹的商人，目的在於尋求更好的投資對象，但與他國相較之下，荷蘭的利率偏低。荷蘭人因此向外國尋找更能獲利的目標，他們主要的投資對象就是英國。

西元一七二〇年的英國南海泡沫事件（South Sea Bubble，英國的南海公司股價急速上升，其後又快速下跌的事件）之前，荷蘭不僅投資英國，也投資法國。但是在南海泡沫事件之後，荷蘭便全心以英國為投資對象，荷蘭人是當時英國國債最主要的外國人買家。

從一六八八年英國光榮革命到一八一五年拿破崙戰爭結束，法國在這段期間持續處於戰爭狀態，也被稱為第二次百年戰爭。英國與法國爭奪市場，其中最大的市場就是新世界。換句話說，第二次百年戰爭正是新世界市場的爭奪戰。

由於戰爭所需，英國發行國債，而荷蘭人買入這些國債，這也是霸權國家由荷蘭轉向英國的重要關鍵之一。

世界最初的海洋帝國葡萄牙

英國是世界史上最大的海洋帝國，但是史上最初的世界性海洋帝國卻是葡萄牙。讓我們看看地圖4、地圖5，在葡萄牙的殖民地中，包括面積極為廣大的巴西，以及非洲和亞洲的殖民地。

比起葡萄牙，荷蘭的殖民地當中，亞洲佔了大半，範圍並不廣，而印尼所出口的砂糖，多半也僅在亞洲地區內消費。由於在同樣的緯度，葡萄牙的殖民地猶如將

地圖 4　葡萄牙海洋帝國

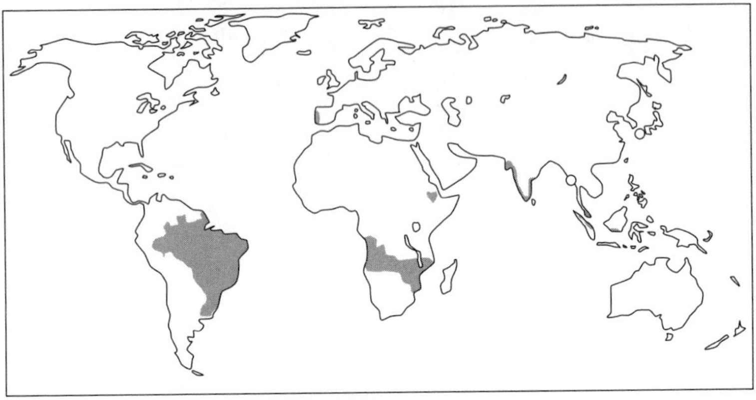

出處：玉木俊明《海洋帝國興隆史》第39頁，講談社，2014年。

地圖 5　荷蘭海洋帝國

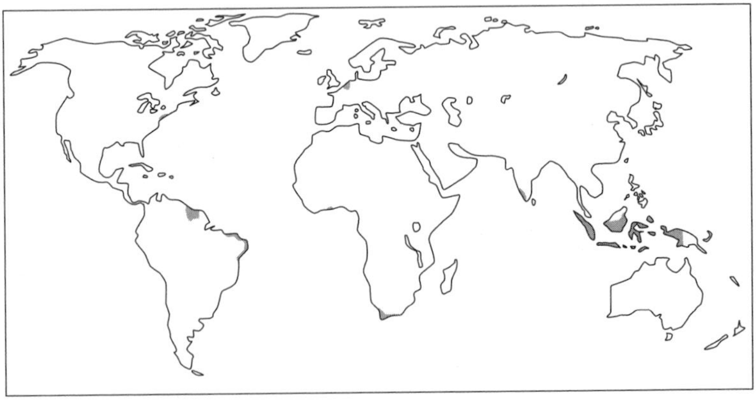

出處：玉木俊明《海洋帝國興隆史》第40頁，講談社，2014年。

地圖上塗上粉紅色，因而被稱為粉紅區。

作為歐洲各國的先驅，葡萄牙以武力征服非洲及亞洲各個地區，因此被認為是以國家作為先鋒，極力發展商業的國家。葡萄牙人運用武力逐步取得亞洲的殖民地固然是事實，然而，現今葡萄牙相關研究卻顯示，比起國王的命令，葡萄牙在海外的發展成果，其實是商人自行建立組織，自主往海外邁進所帶來的結果。

我們並非要否定國家的重要性，然而葡萄牙作為小國，國王權力有限也是事實。王室本身沒有足夠的政治力量，財政也不安定，當然很難以國家立場採取有制度的行政手段，有效率地統治海外帝國。

因此，葡萄牙海洋帝國因國家的力量較弱，可說是商人的帝國。即便國家征服海外領土，葡萄牙商人的影響力依舊如影隨形，事實上，直到十八世紀末期，在亞洲使用最頻繁的歐洲語言仍然是葡萄牙語。

成就大英帝國的關鍵

在大西洋貿易中，英國成功生產棉織品，並且將棉織品銷售到亞洲，印度經濟也隨之逐漸衰退。英國不僅憑藉國家力量擴大領土，更因為擁有龐大的艦隊，能夠保護殖民地。大英帝國和由商人主動形成活動網絡的葡萄牙相比，運作模式可說天壤之別。

麻六甲的一部分及新加坡等地區，原為葡萄牙海洋帝國的領土，後被英國所奪，英國奪取這些地區的動機，在於讓英國船隻使用葡萄牙原先開拓的航線。

另一方面，英國採用金本位制也和葡萄牙脫不了關係。英國採用金本位制源於西元一七〇三年英國與葡萄牙締結的梅休因條約，該條約使巴西的黃金流入英國，如果沒有葡萄牙，英國也無法採用金本位制。

「沒有葡萄牙，就沒有大英帝國。」這話說得一點都不為過。

由於最早的霸權國家荷蘭對英國投資，英國才能成為霸權國家；另一方面，葡萄牙讓英國得以向亞洲發展，並在新世界成功生產砂糖。英國之所以能夠成為世界帝國，掌握霸權國家的地位，可說是託這兩個國家之福。換言之，英國經濟發展的成就，絕非僅憑一己之力。

3 尋找改變歷史的「大分流」

——亞洲無法成長的理由

歷史被「偶然」所左右？

「打從有歷史記載以來，亞洲始終慢歐洲一步」。長期以來，這樣的觀念深植在歷史學家心中。比方說馬克思（Karl Marx，一八一八年～一八八三年）將以上觀點稱之為「亞洲的生產模式」，他認為相較於歐洲的進步，亞洲幾乎完全沒有改變。

然而，如果我們著眼於中國、東南亞及印度等地區的經濟成長，便會發現上述的主張已經跟不上時代。但是，同時我們也會注意到，在某些時期，歐洲經濟相較於亞洲的確是處於領先地位，這究竟又是怎麼一回事呢？

其實，在現在的歷史學界，這個疑問引發許多爭論。契機起於二〇〇〇年彭慕蘭（Kenneth Pomeranz）發表的《大分流：中國、歐洲與現代世界經濟的形成》。根據彭慕蘭的研究，原本西歐、中國的揚子江流域和日本（行政中心及關東）人民的平均壽命、每人的棉布消費量、識字率等幾乎相同。然而，從一七五〇年左右開始，英國利用國內的煤炭發展大西洋經濟，透過資源集中及節省勞力（也就是使用機器），使得經濟蓬勃成長。

彭慕蘭認為，技術革新是近代經濟成長的前提，由於歐洲做到技術革新，世界的面貌也因而改變，未能做到的亞洲因而落後；煤炭資源和新世界「偶然」的發現改變了世界的面貌。

范贊登的知識社會說

為了針對上述彭慕蘭的論點提出批判，許多學者在之後出版書籍及論著。有些學者支持彭慕蘭的主張，認為亞洲與歐洲原先處於同樣的經濟狀態，但從近代的某個時點開始，歐洲經濟成長超越亞洲；也有些學者主張歐洲從以往便是較具優勢的國家。但是整體而言，持前者意見者較多。

歐美學者的論述方式，傾向決定一個指標後，便以此一指標為論述基礎，隨著指標改變，結論也會改變。運用此種研究方法，從各種角度出發便可以寫出很多論文。然而，我認為這樣的論述方式對豐富歷史學的內涵沒有太大幫助，歷史學並不是這麼單純的學問。我在這裡為讀者介紹些許「大分流」的代表性論述。

美國經濟史學家喬爾・莫基爾（Joel Mokyr）提出「有用的知識」（useful knowledge）觀念，主張為了讓十七世紀的科學革命對工業革命有所助益，必須建構網絡，在現實社會活用科學革命的成果。他認為歐洲經濟的發展，不只是嶄新技術層面的思考，更是因為有效運用社會整體的力量，如大學、出版社及專家團體等，才能夠實現此一目標。

此外，接受莫基爾的論述方式，研究成果極為豐碩的荷蘭經濟史學家揚・盧滕・范贊登（Jan Luiten Van Zanden）比較西歐、中國和日本三個地區的書籍出版數量。一五二二年到一六四四年，西歐的書籍出版量約三千五百七十種，與同時期的中國相比，約為四十倍。清朝時期，從一六四四年到一九一一年，中國新出版的作品總數為十二萬六千種。也就是說，每年平均為四百七十種，與歐洲一六四四年出版的六千種相比，數量顯然較少。以日本的情形來看，一七二〇年到一八一五年，出版的書籍種類每年平均約三百種。

西歐的出版書籍種類與清朝或日本等其他亞洲國家相較，顯然較多。且由於改良印刷術，書本的價錢也降低，讓西歐比亞洲更早邁入知識社會，而書籍容易流通，便能夠傳遞和提供更多實用的資訊。

然而，從日本人的角度來看，范贊登的觀點真的正確嗎？以當時的識字率來說，恐怕還是日本比較高。江戶時代，日本人無須中國人的幫助，便能憑己力解讀來自中國的農業書籍，提升日本農業技術，但是范贊登完全沒有考慮這個層面。

況且，范贊登憑藉單一指標便斷言歐洲是比亞洲更進步的知識社會，讓我感到十分困惑（我並不喜歡過於單純的歷史學），但是，在歐美著名的經濟史雜誌上卻不時出現這種單純的論述方法。如果要說我個人的真心話，我認為輕易採用單純的論述方式實在是不可取。

印度難以成長的理由

印度史學家普拉桑南·帕塔薩拉蒂（Prasannan Parthasarathi）比范贊登更重視實

證，他所出版的論著《為何歐洲走向富強，而亞洲卻沒有？——一六〇〇～一八五〇年全球經濟的岔路口》，以複雜的論點展開「大分流」的論述，帕塔薩拉蒂的論述更凸顯歐美人士單一論點的單純性。

帕塔薩拉蒂的論述並非以中國，而是以印度為例。如果只拿歐洲和亞洲做比較，亞洲比歐洲大得多，拿歐洲和亞洲不同地區比較的結果也會不同，因此不能恣意地加以比較。

根據他的說法，十七到十八世紀之間，歐洲和印度的經濟成長相同，他也認為歐洲的優勢地位並非市場、理性、科學、制度等因素所致，就如同印度不能將種姓制度的發展與經濟成長劃上等號。他認為技術層面的變化，才是印度和歐洲命運的分歧點。因此，他將印度和英國的棉織品加以比較：印度原先在棉織品具有壓倒性的優勢，最後卻由英國在棉織品市場取得勝利。

當時，英國面臨兩種強大的壓力，首先是與印度棉織品的競爭，其次是棉織品的消費市場。棉織品的市場由美洲到日本，涵括世界各地，就貿易層面而言，它是非常重要的商品。為了勝過印度，英國模仿印度棉織品，更進一步發明紡織機。

帕塔薩拉蒂認為，發明紡織機是英國得以贏過印度的重要關鍵，也是「大分流」的主要原因。英國的棉織品不僅在印度，在鄂圖曼帝國也佔有優勢地位，接著，英國在大西洋沿岸的數個地區也販售棉織品。

據帕塔薩拉蒂所言，英國獲勝的另一個原因，在於開發煤炭。眾所周知的是，近代英國面臨森林資源枯竭的難關，以此為契機，英國開始熔解鐵、發展蒸汽機，並誕生鐵道和蒸汽船等嶄新的運送方式。

欠缺說服力的論述

再讓我們回到彭慕蘭的論點。英國的確有大量的煤炭，然而使用英國煤炭的不僅限於英國人。在他的論點中，「由於英國有煤炭，才能發動工業革命」，這不過是從單一國家出發的觀點罷了。

至於莫基爾所提出的「有用的知識」，難道真的只發生在英國，中國就沒有類似的情況嗎？而范贊登以書籍出版種類作為判斷標準，認為歐洲知識較為普及，所思考的面向實在太過單純，一旦採用別的指標，恐怕會得出完全不同的結論。如果以識字率或教育機構（如私塾）為指標，最大的知識社會或許是日本也說不定。

此外，在帕塔薩拉蒂的論述中，用來比較分析的對象是英國和印度。然而，英國是一個小小的島國，將英國拿來與印度這樣的次大陸國家比較，本身就很困難。歐美的歷史學家往往將比較分析看得過於簡單，這是他們歷史研究中很大的盲點。分析歷史需要各式各樣的觀點，我認為，只從單一觀點分析，難以充分解釋複雜的歷史事實。

歷史學家在從事比較史研究之際，會從各式各樣的指標中選出一項，然而，此時必須慎重思考選出的指標是否真的是正確的指標。此外，也必須結合各項指標，才能描繪出歷史真正的面貌。

下一個章節將從我個人的觀點出發，向各位介紹我眼中的「大分流」。

4 「大分流」的兩個階段

比亞洲更貧窮的歐洲

歐洲與亞洲的經濟成長模式真的可以一概而論嗎？其實，要證明這件事情本身就非常困難。

如前所述，彭慕蘭以中國的揚子江流域和日本的平均壽命、每人棉布消費量以及識字率等作為主要判斷依據，認定這些地區與歐洲處於相同的經濟狀態。然而，從其他角度來分析經濟成長的問題，又會得出什麼結論呢？此處的經濟指標之所以能夠存在，與其他經濟指標也脫不了關係。換言之，只從中挑選某些指標，背後究竟有什麼用意，歷史學家對此必須深入探討。

因此，我們必須仔細思考這些指標與整體性指標間的關聯性，這不只是針對彭

第2章　逆轉的世紀
歐洲超越了富饒的亞洲

慕蘭的主張，我們對於經濟史學家的觀點都應該採取同樣的態度。我認為，只挑選自己方便解釋的指標，以此得出各個地區「處於同樣經濟狀態」的結論，並不是科學研究應有的態度。

另一方面，我們更不能忘記，如果要將歐洲和亞洲做比較，過往歐洲是屬於較貧窮的一方。假使以歐洲和亞洲的特定區域做比較，或許我們會做出亞洲較貧窮的結論，但是如果我們比較的對象是西歐和東南亞、印度、中國（沙漠除外）等地區，很明顯地可以看出歐洲自然資源較為貧瘠。

雖然歐洲從東南亞輸入香料，但對亞洲來說，過往並不需要從歐洲取得商品，而扭轉此一狀況的時間點便是工業革命。以我的觀點來看，我相當不贊同許多學者恣意比較幾個指標，便把歐洲和亞洲視為處於同樣的經濟狀態，甚至忽視亞洲曾比歐洲更為強勢的事實。我們應該將注意力放在歐洲曾經比亞洲更貧窮的觀點上，重要的是歐洲如何克服貧窮，搖身一變成為比亞洲更為富裕的地區。

第一階段——減少資訊不對稱

首先，歐洲建立比亞洲更為有效的經濟制度，我稱之為「大分流」的第一階段。在我的研究中，我關心的是商業訊息傳播的發展。以歐洲的情況來說，十六世紀中葉在安特衛普（現今比利時）創設交易所。以日本為例，每年會有數次規模盛大的市場研究，但針對經濟成長以及商品市場的狀況，每天都需要開市，這便是「交易所」。在這些交易所裡的交易價格，以手寫的價格表記錄下來，因此人們可以知道比較便宜的價格區間在哪裡。

大航海時代始於十五世紀末，葡萄牙將來自非洲殖民地的物產出口到安特衛普，葡萄牙商人更進一步在安特衛普買入南德與匈牙利的銅。在當時，英格蘭產的毛織品、德國南部所產的白銀、銅和葡萄牙的香料等，是安特衛普得以成為國際都市的強大後盾。加上由西屬美洲輸入白銀，獲利更加提高，安特衛普成為歐洲最大的金融市場。

雖然理由迄今仍然未明，但安特衛普商人於一五四〇年代移居阿姆斯特丹。阿姆斯特丹的交易範圍甚至到達新世界的亞洲，遠超過安特衛普的交易範圍。印刷術的發展，更進一步讓阿姆斯特丹交易所的價格被送到歐洲各地。以經濟學的觀點來看，此種做法有助減少資訊不對稱。

在這邊，讓我們先來了解經濟學的現象。一般來說，大學經濟學課堂上所學的初級經濟學，以「完全競爭市場」為前提，假設市場上的參與者所獲得的資訊完全相同，我想不用多說，各位也能明白這完全是假想中的世界。擁有專業知識的資訊強者與完全不具備相同知識的普通人進行交易時，雙方存在著資訊差異的鴻溝，這種情況被稱之為「資訊不對稱」。一旦資訊不對稱過大，不具備相關資訊的人便會拒絕交易，讓市場交易無法持續進行，這就是「市場的失敗」。

近代歐洲以阿姆斯特丹為中心，透過「價格表」以及「商業新聞」等，讓市場上的資訊得以流通，減少資訊不對稱的情形，因而降低商人的交易風險，和世界其他地方相比，可說是相當罕見的做法。

透過減少資訊不對稱的現象，歐洲擁有比其他地區更加健全的經濟制度。不僅如此，阿姆斯特丹是人口流動性相當高的都市，不但來到該都市的人數眾多，離開的人也很多，阿姆斯特丹的政策便是「來者不拒，去者不留」。

阿姆斯特丹為歐洲商業的中心都市，只要來到阿姆斯特丹便能接觸到最新的商業資訊，加入巨大的商業網絡。況且，阿姆斯特丹對宗教採取寬容政策，來自各式各樣宗派（也可能是基督教以外）的商業資訊因而流入阿姆斯特丹，這些資訊透過阿姆斯特丹再擴散到其他地區。

「有利於經濟活動的社會」，就是人們能夠輕易參與市場的社會。借助荷蘭（尤其是阿姆斯特丹）的力量，西歐催生出有利於商業活動的社會。資訊影響商業經營的成敗，所以千萬別輕忽商人網絡存在的意義。

第二階段——英國工業革命

「大分流」的第二階段，便是英國的工業革命。拜工業革命之賜，歐洲與亞洲間的貿易成功地由入超轉為出超，我甚至認為，歐洲的經濟力量明顯超過亞洲，恐怕就是從工業革命開始。

英國透過工業革命，得以生產棉織品。歐洲人基於對棉織品的需求，開始大量進口印度手工製作的棉織品，導致對亞洲的貿易出現巨額赤字。

在大西洋經濟體中，殖民母國將來自西非的黑人奴隸運送到殖民地，讓他們製造砂糖，並於歐洲完成後續的成品。然而只有英國運用新世界的棉花生產棉織品（英國也由巴西進口棉花），並於英國完成後續成品，而原本需要從印度進口的棉織品，則被英國成功地取而代之。至於為什麼只有英國獲得成功？這對我而言也是一個未解之謎。

經歷漫長時光的「大分流」

「大分流」的觀點引發眾多學者關注，很可惜的是，我未能將這些論著全部通盤研讀。但是，從我所讀過的文章中所得到的印象，這些學者似乎很少以歐洲和亞洲原本處於相同的經濟狀態，但在短時間內歐洲便佔有優勢的觀點出發。

如果改變指標，結論也會改變。更何況，單憑一個指標就足以說明經濟整體變化嗎？我認為這樣的想法實在有待商榷。「大分流」是一個經過長時間演變的過程。首先歐洲透過建構經濟制度（社會性的組織架構），比亞洲處於更有利的起跑點上，而後續工業革命所帶來的變化，更進一步讓歐洲超越亞洲。

貧瘠的歐洲邁向工業化的原因

為何貧瘠的歐洲會邁向工業化？這個問題並不怎麼新奇，但也始終沒有標準答案，除了前面提過有效率的經濟體系外，我也有以下的想法。

歐洲與亞洲相比（其實「亞洲」的定義本身也很模糊），歐洲的緯度高，植被生長並不茂盛，因此歐洲的自然環境毫無疑問的比較貧瘠。因此，新世界生產的馬鈴薯、玉米、番茄和砂糖等，都讓歐洲人的飲食更加豐富，生活水準也大為提升。

歐洲植被的稀疏，也有其他例子可以做為說明。高爾夫的發源地為蘇格蘭的聖安德魯斯。在日本的高爾夫球場必須使用除草劑除去雜草，但蘇格蘭的球場本來就沒有雜草，原因在於植被極為稀疏，在歐洲並沒有日本高爾夫球場所煩惱的農藥問題。

植被稀疏，加上糧食作物是比米產量更少的小麥、大麥，所以歐洲人口的成長比亞洲低，而亞洲由於人口較多，工資因而較為低廉。但在人口數量低的歐洲，人力本身可說是稀少財，需要支付的人力成本比亞洲高得多，因此歐洲便藉由發展機械化，紓解雇用勞工需高昂成本的困境，由此可以窺見歐洲邁向工業化的理由。藉

第2章 逆轉的世紀
歐洲超越了富饒的亞洲

由工業化，大分流邁向第二階段。

歐洲的工業化與自然環境和過往發展出的經濟制度都脫不了關係。我認為，「大分流」起因於多重歷史事實的交互影響，不能僅用單一指標來分析。

5 主權國家與近代世界體系的因果關係

主權國家的定義

在歷史學研究的論述中，認為成立「主權國家」是近代世界的特徵之一。歷史學針對「主權國家為何誕生」的議題提出回應。不過，主權國家的定義到底是什麼呢？根據《世界史用語集》（山川出版社）的介紹，主權國家的定義如下：

擁有明確的領土（國土），主權亦已被確立的近代國家。這裡的主權，意指具有對內運作的獨立性。中世紀末期之後，羅馬教皇與神聖羅馬帝國皇帝等原先公認的權威勢力日益衰退，這也促成主權國家的發展。

另外，該書針對主權國家體制說明如下：

主權國家體制是近代歐洲成立的政治體制。意指主權國家林立，互相爭奪霸權的國際政治情勢。該體制成立的契機是三十年戰爭，一六四八年戰爭結束後所簽訂的西發里亞和約確立主權國家體制。

接著，讓我們來看看教科書上的記載。

即使身為神聖羅馬帝國皇帝，也難以實現掌控全歐洲的願景。西歐各國的觀念已經改變，開始重視各自的國家和國民，這就是主權國家的思考模式。此時並非由神聖羅馬帝國掌握政治和軍事，而是由個別國家強化自己的政治和軍事實力，在世界的分工體制（世界體系）中發光發熱，提升各自的地位。

（摘自《新詳　世界史B》帝國書院，二〇一三年，第一五一頁）

上述的內容中，並未提及主權國家起因於戰爭，或是稅金和主權國家的關係等。後者對主權國家或近代國家而言，簡單地說是「中央政府能夠收取稅金的範圍，僅限於該國的領土範圍，無法強制課徵他國的稅金」。雖然在主權國家的相關討論中，往往會對此略而不提，但我仍然認為這些論點相當重要。

伴隨著戰爭的近代歐洲

接著，我認為應該強調的重點還包括戰爭。為了成立主權國家，歐洲各國經歷許多戰爭。由於軍事革命，歐洲各國擴展各自的勢力，進而支配世界。因此，歐洲各國成立主權國家與征服世界，兩者間具有極大的關聯性。主權國家成為帝國主義國家支配殖民地，可說是意料之內的發展。

相較於其他地區，歐洲擁有壓倒性的軍事力量，得以進軍世界各地。軍事革命也蔓延到歐洲以外的地區，世界因歐洲的軍事秩序重組，結果便是我們所看到的帝國主義。

火器登場前，騎兵最大的武器便是弓箭，蒙古也因而成為世界最強的軍隊。然而，火器的破壞力及殺傷力遠遠超過弓箭。火器雖然不是歐洲人所發明，但是將火器發揮到極致的卻是歐洲人。引入火器使戰術產生決定性的改變，並使得軍事規模擴大，因而導入徵兵制。因此，上戰場的士兵並非傭兵，而是國民兵。軍事力量日益強大的歐洲各國，在世界各地的戰爭中獲勝，並取得各地殖民地。

我們絕對不能忘記，近代歐洲與戰爭緊密相連，歐洲各國甚至曾經將世界其他地區納入支配範圍。現代社會的發展以戰爭作為前提，這點實在令人感到遺憾，這樣的發展背景也深深影響我們現今所處的社會，對此我們必須牢記在心。此外，戰爭也讓歐洲產生「人權」思想。由於戰爭免不了會奪走人命，讓歐洲人產生「應該守護身為人的權利」的想法。

主權國家因戰爭而誕生

相較於今日，當時的國家為戰爭所投入的花費雖然較少，仍然是一筆龐大的費用。當時由於戰爭花費劇增，國家的財政規模也隨之擴大，而那時的近代國家，還未能思考到社會福祉和所得重新分配的議題。連綿不斷的戰火，讓戰爭費用佔國家財政支出比例節節上升。戰爭頻仍，因而激起了民族主義。另一方面，一旦確立國界，便無法越過國界徵稅，主權國家由此而生。換而言之，主權國家的誕生與戰爭脫不了關係。

戰爭與國家財政的關係

為了戰爭所需，國家在短期間內需要借貸鉅資。一般來說，近代歐洲最有名的軍事國家是普魯士，然而普魯士並沒有成功建構出良好的財政體系。

普魯士國王腓特烈大帝（Friedrich II，在位期間一七四〇年～一七八六年）沿著該國領地的奧得河興建製糖廠，並將完成的砂糖出口到歐洲各地，但是卻和當時歐洲製糖業的中心——也就是漢堡——發生價格競爭並落敗，該項計畫以失敗告終。

普魯士的確是軍事大國，但為了維持軍力，也必須花費相當高的成本。普魯士的富國強兵政策，並沒有像本書後面將提及的荷蘭和英國一樣，建立起良好的財政體系，我認為這是普魯士未能成為霸權國家的重要理由。

邁向現代化財政的荷蘭

歐洲最早邁向現代化財政制度的是荷蘭。荷蘭與西班牙之間的荷蘭獨立戰爭

（八十年戰爭）於一五六八年爆發，至一六四八年才劃下句點，在長期的戰爭中，荷蘭被迫借款，但這也是荷蘭財政制度邁向現代化的原因。

有人認為，荷蘭比十八世紀的英國領先了二世紀發展出公債制度。一六九〇年時，荷蘭國家預算的百分之九十為軍事費用，在荷蘭史上，將這時期的荷蘭稱為「戰爭國家」。

為了償還戰時的借款，荷蘭成為重稅國家。十七世紀中葉是荷蘭的「黃金時代」，但這時期的荷蘭，個人所需負擔的稅居全歐洲之冠。雖然重稅，但也有人認為當時荷蘭盡量對貿易相關的項目免稅，因而逐步邁向繁榮。

十七世紀的荷蘭，公債已經滲透到社會的各個角落。雖然此項特徵也被十八世紀的英國所繼承，然而荷蘭的程度比英國更甚，女性或下層階級的人也會買入荷蘭公債。

因稅制而起的法國革命

這裡讓我們稍微來談談法國的稅制。十八世紀時，歐洲人初次向歐洲以外的世界發動戰爭，戰爭規模因而急速擴大。

此時的主角是英法。對於英法兩國而言，戰爭所帶來的財政負擔十分沉重。無論什麼國家，戰爭時都會被財政問題所苦，在這兩個國家更是引起嚴重的財政問題。

英國稅制採取以奢侈品為中心的消費稅，法國稅制則是以直接稅的地租稅為中心，即使經濟成長，法國的稅收也不會增加。我認為法國大革命的起因，並非源於法國的稅金比英國重，而是因為法國的稅制無法增加稅收，導致國庫陷入危機。

主權國家存續不可或缺的要素

近代世界體系發源的西歐，主權國家林立，彼此處於競爭關係，以國家作為競爭的單位（關於此點論述，參考川北稔《近代英國史講義》講談社現代新書，二〇一〇年），各國更運用經濟的力量，最後演變成軍事競爭。以武器作為引子，西歐開始發展戰爭技術，因此軍事革命可說是近代世界體系下的產物。持有武器的歐洲人終於進攻亞洲地區，並一步步將亞洲納入支配範圍。強大的歐洲將其他地區納入

第2章 逆轉的世紀
歐洲超越了富饒的亞洲

「歐洲世界經濟」架構之下，進而支配世界。

談到「世界體系」，以近代來說，涵括歐洲各個國家的眾多地域經濟是個巨大的經濟單位，由於世界體系發揮作用，才有主權國家的成立。從經濟角度來看，主權國家作為世界體系下的次級體系發揮機能，近代世界體系是讓主權國家存續不可或缺的要素。

6 漢堡對近代歐洲的影響與重要性

讓歐洲得以發展的中立地區

我認為，不只是日本，就連歐洲都太小看漢堡對近代歐洲商業的重要性。漢堡的人口在一六八〇年時僅有五到六萬人，一七五〇年時也不過約九萬人。然而不僅是德國，對當時的英國、荷蘭、法國、西班牙以及葡萄牙等歐洲列強而言，漢堡都是相當重要的貿易港。

漢堡也有西歐最大的製糖廠，來自各地的甘蔗最終送到漢堡。另一方面，漢堡在一六一八年到一八六八年的漫長歲月中，皆維持中立的角色。近代歐洲的戰爭連綿不斷，戰時阿姆斯特丹與倫敦的商人皆到漢堡經商避難，即使處於戰爭時期，歐洲仍能維持經濟成長，像漢堡這般的中立地區功不可沒。

從這些角度來看，漢堡的確有它的重要性，在這邊我將介紹漢堡與倫敦的關係，並試著比較兩個都市，提出相關論點。倫敦是大英帝國的首都，漢堡則是以商人自有的網絡為中心的都市。相較之下，漢堡屬於較早期型態的商業都市。

倫敦擁有腹地，經過整合的國民經濟更讓倫敦成為近代的大都市。隨著以倫敦為主軸的英國勢力逐漸抬頭，也意味著「帝國」的形成。英國以「帝國」為中心的系統，在十九世紀後半席捲全世界，漢堡便長期與此一系統競爭（有時也互相協助）。藉由分析漢堡和倫敦的關係，便能一窺大英帝國長期掌握優勢地位的關鍵。

波爾多的地位和發展

十七世紀的漢堡，是荷蘭最主要的貿易對象。一六二五年時，從船舶數量或重量等兩方面來看，在漢堡的貿易當中，荷蘭便佔了三分之一。然而，在十八世紀時，荷蘭的重要性被法國所取代，這和法國波爾多有極大關聯。

波爾多產酒眾所皆知，然而在十八世紀時，波爾多從現今海地（法屬聖多明哥）輸入砂糖，那時的波爾多是相當有名的貿易都市。

接著讓我們來看看在法國的對外貿易中，波爾多佔有多少比例。從一七一七年開始的二十年間，波爾多雖然僅佔百分之十，然而在法國大革命時達到百分之二十五。除了波爾多以外，荷蘭人也在勒阿弗爾、南特等大西洋沿岸法國的港灣都市有居留地，但波爾多無疑仍是荷蘭人最重要的居留地區。加勒比海的安地列斯群島所生產的砂糖，一七一四年為七千噸，五十年後為四萬噸，接著在一七八九年增加到八萬噸，成長幅度實在驚人。

十七世紀時波爾多最大的貿易對象為阿姆斯特丹，巴西產的砂糖從阿姆斯特丹被運送到波爾多，供應給法國。另一方面，十七世紀初期移居到波爾多的商人以荷蘭人為大宗，但是在一七一一年有二十名漢薩商人（恐怕大多是漢堡商人）移居到波爾多。雖然數量比不上荷蘭商人，但人數的確有所增加。

漢堡作為法國和北歐各國的中繼地點，地位比阿姆斯特丹更為重要。波爾多與殖民地，尤其是安地列斯群島的貿易往來增加，然而原因不在於荷蘭，而是由於波爾多增加與漢薩都市（特別是漢堡）之間的貿易量所帶來的結果。漢堡商人選擇在法國的貿易港，特別是波爾多定居，藉由通商條約得到法國國王的允諾，確保漢堡商人在法國國內享有特權，更加強化漢堡與波爾多間的貿易往來。

進口到法國的砂糖中，有許多會再出口。法國國內消費的砂糖僅佔輸入的百分之三十到四十，但是英國國內消費的砂糖約占輸入的百分之七十五。進口到波爾多的砂糖，絕大部分再出口到漢堡，原因是漢堡有許多製糖工廠，而法國的製糖工廠在歐洲精糖業中也不具有主導地位。

與倫敦共存共榮

漢堡長時間以中立都市活躍，因此，戰時如果使用漢堡的船隻（但漢堡的船隻實際上並不多），或使用掛有漢堡市紋章旗幟的船隻，便能持續從事貿易活動（旗幟上的紋章，正是該船隻屬於哪一國家、哪一都市的證據，不過實際上很多都是偽造的）。

漢堡是路德教派的都市，若非路德教派的信徒便無法取得市民權，但仍然可以從事商業活動。比方，當荷蘭處於戰爭狀態時，阿姆斯特丹的塞法迪猶太人會暫時離開阿姆斯特丹到漢堡避難，並在漢堡從事商業活動，這是也拜漢堡是中立都市所賜。

十八世紀時，阿姆斯特丹的地位相對降低。歐洲與歐洲以外世界的交易大幅增加，只憑阿姆斯特丹難以因應規模擴大的貿易量及金融交易，因此英國首都倫敦和漢堡的勢力逐漸增強。

漢堡和伊比利半島也有很深的淵源。十六和十七世紀之際，在漢堡不時可見到帶有葡萄牙和西班牙風格的名字，十七世紀初期，也有許多人從阿姆斯特丹來到漢堡。西屬尼德蘭商人也在漢堡進行交易，漢堡的葡萄牙仲介業者比例甚至高於阿姆斯特丹的葡萄牙仲介業者，可見漢堡對伊比利半島貿易十分重要。

漢堡不只是倫敦的競爭對手，彼此之間也能截長補短。漢堡有時也被稱為「小倫敦」（Little London），從漢堡到倫敦的商人非常多。英國的主要貿易港口，在十八世紀時由阿姆斯特丹轉為漢堡，英國與漢堡貿易通商關係之深厚可見一斑。

法國大革命與拿破崙戰爭

漢堡貿易量快速增加是在十八世紀中葉，一七八〇年代時，貿易量更加大幅提升。

法國大革命前夕，由漢堡往法國的船舶數量明顯增加，但在法國大革命時，此數量大幅滑落。相較之下，法國大革命期間由漢堡往英國的船舶數量卻增加了不少。

一七九五年法國革命軍佔領荷蘭，重創荷蘭的貿易和金融市場，漢堡從中獲得龐大利益，不僅成為阿姆斯特丹的代替港，也取代了阿姆斯特丹金融市場的地位，漢堡便藉此機會在國際間抬頭。

對於一八〇二年的倫敦而言，漢堡是歐洲大陸最主要的貿易對象。然而，拿破崙在一八〇六年施行大陸封鎖令，當時由英國前進歐洲大陸的船舶中，絕大多數都使用漢堡的船舶。

隨著法國革命軍佔領德國，漢堡貿易也受到打擊。而且，因為大陸封鎖令的影響，即使是中立國的船舶也難以和英國進行貿易往來。拿破崙戰爭與過往的戰爭有決定性的差異，那就是拿破崙也侵略中立國，因此我們不能將法國大革命與拿破崙戰爭等同視之。

一八〇八年時，許多商人離開被拿破崙軍隊所佔領的漢堡，前往中立國瑞典的貿易都市，也就是位於瑞典西岸的哥特堡，為哥特堡掀起貿易熱潮，我認為這是哥特堡與美洲貿易增加的主因之一。

商人網絡時代的終結

一八一五年，拿破崙戰爭劃下句點。眾所周知，拿破崙帝國崩潰後建立的維也納體系選擇維持現狀，並非以促進經濟發展為目標。維也納體系成立後，拉丁美洲各國得以不經宗主國西班牙和葡萄牙之手，直接將商品送到歐洲，拉丁美洲各國與宗主國的經濟關聯轉向淡薄。我認為與宗主國之間的經濟關聯變弱，正是之後拉丁美洲各國接連獨立的主因。

當時拉丁美洲各國將殖民地物產出口到歐洲，主要的中心是倫敦，其次便是漢堡，漢堡便藉此契機復活。然而，此時的漢堡充其量只是在以倫敦為中心的英國通商系統中，發揮次級系統的功能。倫敦和漢堡的經濟競爭，最後以倫敦的勝利告終，這也宣告商人網絡的時代步入歷史，國家大力介入經濟的時代來臨（不過對英國而言，國家早在十八世紀便開始介入經濟發展）。

7 重商主義的虛像與實像

重商主義真的是國家政策嗎？

現今的日本已很少提起「重商主義」此一經濟史用語，然而，我認為這並不代表它已經失去重要性。在《牛津經濟史百科事典》中，對「重商主義」相關的記載如下：

「重商主義」此一用語，兼具經濟教義與商業政策兩方面的意涵。政府介入並擁護得以讓國民國家獲得最大利益的必要經濟活動。「重商主義體系」此一用語，最初見於法國重農主義者維克托・德・里克蒂，米拉波侯爵（Victor de Riquetti, marquis de Mirabeau）的著作中，然而將之制度化的是積極反對重商主義的亞當・史密斯

（Adam Smith）。「重商主義」一詞，廣泛被德國歷史學派所使用。

（摘自Elise S. Brezis, "Mercantilism," in *The Oxford Encyclopedia of Economic History*, Vol.3, Oxford, 2004, pp.482-48.）

當今的經濟史學界，對於重商主義的看法有所改變。比方說，英國頗負盛名的經濟史學家派屈克・歐布萊恩（Patrick O'Brien），認為近代英國正因為採取重商主義，也就是保護主義政策，才能戰勝法國，實現經濟成長的目標，並在一八一五年成為霸權國家。

此外，研究重商主義的學界泰斗拉斯・芒紐斯松，也有如下見解：

> 當時留下許多書籍、指南、小冊子、簡介及年鑑等文獻，足以證明當時國家對於政治相關議題進行種種討論，以及政府為了使商業、貿易、海運業及國內製造業等獲利，在商業活動中扮演重要角色。比方說，讓國外專業的勞動者移居，為了刺激事業成長採取低利率政策等，各項事證告訴我們，當時的國家的確越來越富庶。重商主義透過國王、君主、政治家，或其他政策制定者、委員會、官僚等以政治聲明的型態加

以訂定規範，十六世紀到十八世紀中葉的歐洲諸國，也可見類似的文獻和法令。（摘自Lars Magnusson, *The Political Economy of Mercantilism*, London and New York, 2015, p.219）

現實的政策與法令等主張，便是重商主義形諸文字的呈現方式。然而，我認為上述主張並未將商人的活動納入考量，這樣的觀點恐怕有很大的問題。

雖然對於重商主義有各式各樣的討論，但眾多研究都有其共通點，那就是都主張重商主義是國家的政策。不過，重商主義真的是國家的政策嗎？我想在此一章節加以論證。以下所述是我個人的見解，隨著今後的研究進展，當然也可能有極大的轉變。首先讓我們從歐洲內部看起，接著再看歐洲外部。

歐洲內部——對抗經濟大國荷蘭

荷蘭是世界最早的霸權國家，由於荷蘭具有壓倒性的經濟力量，使得其他國家採取保護政策，發展自身的經濟。這就是歐洲內部重商主義的特徵，亦即國家介入經濟，促使經濟成長。以英國為例，一六一五年起英國數次頒布施行航海法，目的在於排除荷蘭船隻。根據亞當．史密斯的說法，這是「英國政府最為英明的政策」。荷蘭本身雖然是神聖羅馬帝國所分裂出的國家，但是因為擁有壓倒性的經濟實力，沒有必要採取保護政策。對歐洲內部而言，重商主義時代正是各國為了對抗具有強大經濟實力的荷蘭，而採取保護政策的時代。

荷蘭雖然仍持續地方分權主義，但其他國家卻逐漸步向中央集權化。為了實現中央集權，使得政府規模擴大，這也是重商主義國家的特徵。

歐洲以外的世界——組織千瘡百孔的東印度公司

首先，希望各位讀者了解，十七世紀的歐洲國家，缺乏足以控制商人活動的力量，英屬和荷屬的東印度公司便是其中的例子。

眾所周知，英屬東印度公司創立於一六〇〇年，荷屬東印度公司創立於一六〇二年。其實，在這之前，荷蘭便有許多公司從事與東印度間的貿易，但是為了對抗英國，荷蘭在一六〇二年將這些公司整合成新的公司，正式名稱為聯合東印度公司。

無論是英屬或荷屬的東印度公司都有軍隊，雖然會接受來自本國的指令，但也擁有無須和國內商量，獨自行動的權限。原因在於英屬或荷屬的東印度公司活動範圍距離本國十分遙遠，如果必須得到本國許可才能行動，一旦出了問題便無法及時處理，因此也讓英屬和荷屬的東印度公司成為類似國家的組織。

以英屬東印度公司的情形來說，私人貿易的角色十分吃重，而英屬東印度公司在亞洲的員工，除了公司的貿易活動外，也從事私人的貿易活動，比起公司的事業，私人的活動更能替個人帶來財富，所以有許多人為了謀求私人貿易的利益，投身於英屬東印度公司工作。

在當時，商人們也可能自己建構組織往亞洲前進，但必須要有武力作為後盾。我們所學習的基礎經濟學，種種假設都建立在不會有外來因素干擾市場機制的前提之下，但是現實世界中有許多因素會破壞市場的健全架構。

根據威尼斯的經濟史泰斗弗里德列克・萊茵（Lane, Frederic Chapin，一九〇〇年～一九八四年）的見解，中世紀的歐洲為了避免遭到海盜掠奪，商人必須保護自己，然而商人往往無力支付讓他人保護自己的費用，他將此一費用稱之為「保護費用」。

英屬和荷屬的東印度公司會負擔軍隊的費用，讓商人無須支付保護費用，因而得以安心地交易，獨佔與亞洲間的貿易，從事領土的經營。英屬東印度公司的經營持續很長一段時間，直到一八七七年，由英國本國接手直接統治印度為止。而英國也由於不需透過東印度公司，而是由本國直接統治亞洲，資訊往來的時間大幅縮短。

英屬和荷屬的東印度公司，藉由國家組織進軍亞洲，構築長久的貿易關係，商人得以比以前更有效率地從事商業活動。然而，從現今的觀點來看，英屬和荷屬的東印度公司組織其實千瘡百孔，難以將組織的想法充分滲透到每一名員工，很容易便會背叛本國的命令。正因如此，在英屬東印度公司才會有個人貿易的狀況，而國家的力量在當時仍然很弱。

缺乏強大力量的重商主義國家

那麼，重商主義到底是什麼呢？以下是我的見解：

我們可以將英屬和荷屬的東印度公司視為是國家的代理人。當時的國家發行特許狀，成立能夠獨佔貿易的公司，讓隸屬於該公司的商人獨佔貿易，從中獲利，許多商人藉由此一政策攢積財富。商人與國家處於互利共生的關係，在歐洲以外的世界更是如此。

乍看之下，重商主義的國家似乎擁有強大的力量，但實情並非如此。比方說葡萄牙的商人自行成立組織，往歐洲以外的世界邁進，與國家本身並沒有關係。由國家的角度來看，只能透過這種方式利用商人的網絡；而由商人的角度來看，在擁有軍隊的英屬東印度公司保護下，便能夠藉由私人貿易累積大量財富。

然而，無論是歐洲內部或外部，國家的力量都逐漸增強，商人與國家的互利共生關係，在國家力量轉強的情況下迎向近代。換言之，商人如果不運用國家所提供的後盾資源，便難以從事商業活動。

上述典型的例子便是英國。帝國主義時期的英國，擁有全世界數一數二的艦隊，商人在國家保護的羽翼之下才能展開商業活動，這也意味著，過去以商人和國家互利共生型態的重商主義邁向終結。十八世紀的英國貿易與「帝國內部」的牽連相當深，這也影響到十九世紀英國的發展。如果將英國與荷蘭相比，後者沒有廣大帝國，國家權力小，貿易主要依靠商人自身的網絡，這可說是兩者間決定性的差異。

8 白銀與世界一體化的關係

中國的失敗來自於白銀的流通

曾經有很長一段時間，中國是全世界最富庶的國家。更由於中國具有強大的經濟力量，才能夠施行朝貢貿易體制，讓各國開著自家的船隻來到中國。

正因如此，中國由一條鞭法到地丁銀制度，也能接受國民用中國本身沒有生產的白銀來繳稅，但這卻為中國經濟帶來巨大的負面影響。背後的原因，在於歐洲商人掌控了白銀的流通路線。

中國在當時並沒有體認到國際流通網絡的重要性，中國的確在明朝永樂帝（在位時間西元一四〇二年～一四二四年）時曾派鄭和下西洋，搭著寶船，甚至遠赴阿拉伯半島。然而在那之後，不知為何中國便停止向外探索，相較之下，歐洲卻一步步往亞洲邁進，甚至將原本亞洲商人的航線納為己用。

就讓我們從上述觀點，來思考近代世界的白銀流通吧！

白銀流入的三種路線

研究白銀流通的世界權威威廉・安特威爾（William Attewell）表示，世界第一的白銀產地，除了日本以外，便是玻利維亞。以玻利維亞的波托西銀山年平均產量來看，一五七一年到一五七五年每年四萬一千零四十八公斤，一五九一年到一五九五年間更大幅增加到二十一萬八千五百零六公斤。

另一方面，從十六世紀後半到十七世紀前半，中國礦山所出產的銀量，差不多只等於從阿卡波可到馬尼拉的一艘加利恩帆船所運送的銀量。十七世紀初期，由新世界運送到馬尼拉的白銀中，當運送數量多的時候，每年約有五萬七千五百到八萬六千兩百五十公斤流入中國，我認為中國經濟有相當程度依賴新世界的白銀。

將白銀由新世界送到東亞的路線，總共有三條。最重要的一條路線便是跨越太平洋，由墨西哥西岸的阿卡波可直接送往菲律賓諸島，有人認為這條路線於一五九七年時運送約三十四萬五千公斤的白銀，這些白銀被用來交換中國的絹絲、陶瓷器和亞麻織物等。

第二條路線則由墨西哥經過巴拿馬海峽，到西班牙的塞維亞，其中有相當多的白銀由非法管道進入葡萄牙，這些白銀經過好望角，甚至運送到印度的果阿。根據研究推測，葡萄牙人於十六世紀後半到十七世紀初期，每年約從果阿運送六千至三萬公斤的白銀到澳門。

第三條路線便是將從新世界運送到塞維亞的白銀（包括合法與非法），運到倫敦和阿姆斯特丹，接著透過英屬和荷屬東印度公司送到東南亞，在東南亞交換中國產的絹絲和陶瓷器等。

那麼，為什麼會有大量白銀流入中國呢？由於當時歐洲與中國的貿易呈現逆差，為了填補赤字，便由新世界將白銀運送到中國。除了新世界的白銀外，日本也從中國進口棉、絹、生絲、茶葉等，並運送白銀至中國作為支付工具。不過我們不能忽略的是，在日本運送白銀的過程中，葡萄牙人、荷蘭人及中國人也扮演重要角色，活躍的絕非只有日本商人。

圖1　加利恩帆船

馬尼拉成為跨文化貿易的中心

菲律賓的馬尼拉，在當時也有絹和白銀的交易。一六五〇年的馬尼拉，中國人約有一萬五千人、西班牙人約有七千人、菲律賓人約有二萬人，還有亞美尼亞的商人，據我的推測，應該也有因鎖國而無法回國的日本人，馬尼拉因而成為跨文化貿易的中心。

對於西班牙人而言，透過馬尼拉進行交易，是打入亞洲市場的唯一方式，西班牙藉此獲得巨大利益。西班牙人使用加利恩帆船（如圖1所示），從事太平洋貿易。十八世紀末期，許多馬尼拉雪茄經由阿卡波可，運送到西屬美洲殖民地。

加利恩帆船的建造成本相當高，一五八七

地圖6 加利恩帆船的路線

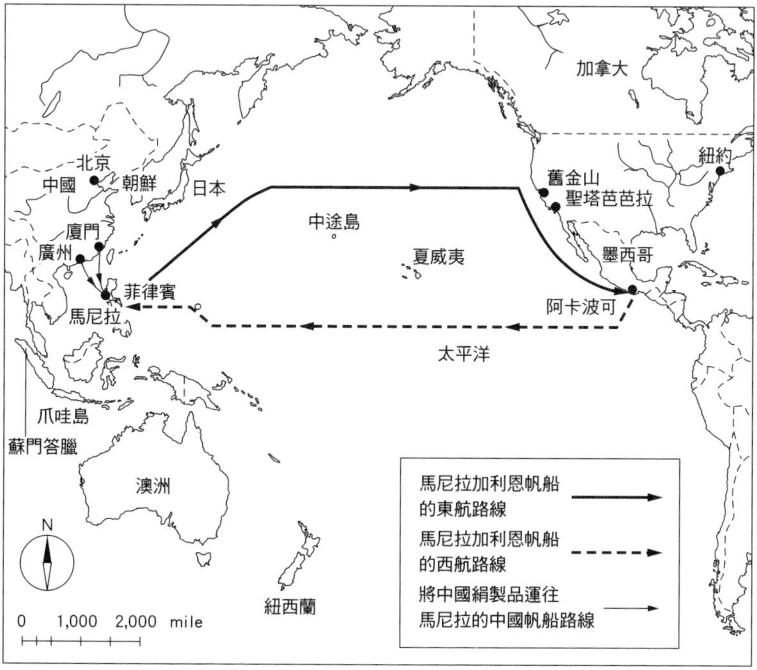

出處：William Lytle *Schurz. The Manila Galleon*, New York, 1959, pp.12-13.

年時，建造五十噸的加利恩帆船須花費八千披索。地圖6是馬尼拉的加利恩帆船航行路線，也可以看出從中國往馬尼拉的路線，太平洋與中國藉此聯繫在一起。

白銀流入中國之因

當時有大量白銀流入中國的原因，主要可以從兩方面來思考。第一個理由為中國是當時世界最大的經濟大國。另一個理由是，中國與西班牙金銀比價不同。十六世紀末期到十七世紀初期，廣東的金銀比價從一比五點五到一比七，相較之下西班牙從一比十二到一比十四。

由此可見，白銀在中國的價值較高。因此，白銀從新世界和歐洲，經由好望角路線和太平洋路線，行經馬尼拉來到中國。對於白銀的運送，主要使用西班牙船隻一事，學者弗林（Dennis Flynn）和吉拉路迪斯（Arturo Giráldez）認為，歐洲人充其量不過是逐漸擴展的白銀貿易中間商人，只是擔任連結新世界及亞洲的媒介而已。

然而，我認為這樣的想法並不正確。「不過只是中間商人罷了」未免太過小看歐洲人所扮演的角色。此一論點並沒有意識到由誰運送的問題，然而我認為由何人運送是非常重要的關鍵，也是當今經濟史需要探究的議題。關鍵在於，負責運送的不是中國人，而是西班牙人。借用弗林和吉拉路迪斯的說法，如果中國人也前進地中海擔任運送香料的工作，難道也能說「中國人不過是中間商人，對於商業並沒有重大影響」嗎，弗林和吉拉路迪斯這番論述實在很不合理。

明清之際的經濟，相當程度仰賴從阿卡波可行經馬尼拉的西班牙船隻，近代的運送成本相當高，和今日相比，運送成本佔全部成本的比例應該比以往高出許多。如果由中國船隻運送，中國應該能獲得龐大利益，西班牙的獲益也會因而降低。

不為人所知的「大分流」

從「大分流」的角度來看，歐洲人掌握了明末主要的商品運送，如此一來便產生歐洲佔據優勢地位的「大分流」。

十六世紀時，西班牙人的太平洋航海活動增加，從美洲西部海岸出發的航海次數上升也格外引人注目。雖然我們不能說那時候的太平洋是西班牙人的海，然而在太平洋運送中，當時的確是由西班牙人擔任最主要的角色。藉由太平洋貿易，大量白銀流入中國，同時新世界的白銀當然也流入歐洲，運送這些白銀的幾乎都是歐洲人。

十七世紀初期的歐洲與亞洲，如果要比較何者經濟力量較為強大，雖然所使用的判斷指標不同，結果也會有所改變，但是如果只比較歐洲和中國，當時的歐洲的確較為貧窮。但歐洲人藉由歐洲的船隻行駛於各大洋，將世界連為一體，而最初在全世界流通的商品便是白銀。十七世紀時，中國尚未成為歐洲世界經濟的一環，歐洲與亞洲在當時也還沒有成立支配從屬關係。

我認為在英國發生工業革命，並將棉製品推廣到世界的十八世紀後半，國際間才開始衍生出支配從屬關係。但是在英國工業革命時，從屬於英國的僅有美洲西印度諸島的殖民地，而中國與英國之間轉為支配從屬關係，要等到之後的鴉片戰爭才開始。

9 關於伊斯蘭商業衰退的故事

扮演重要角色的兩個帝國

眾所周知，鄂圖曼帝國在十六世紀的蘇萊曼一世（Suleiman I，在位期間一五二〇年～一五六六年）的治世下，迎來全盛時期，並於一五二九年包圍奧地利的維也納，讓其面臨即將被攻陷的窘境。無論怎麼看，此時的鄂圖曼帝國軍力勝過歐洲是不爭的事實，恐怕連經濟層面都是鄂圖曼帝國佔優勢。然而，這也是鄂圖曼帝國的巔峰，之後帝國便開始衰敗，商業方面也後繼無力。然而，伊斯蘭勢力並非在短期間內迅速衰退，而是一步步地慢慢走向衰敗。

除了鄂圖曼帝國，蒙兀兒帝國也在伊斯蘭商業扮演重要角色，這兩個帝國與香料貿易有著極大的關聯。當時印度的棉布也出口到歐洲，由於棉布的吸水性以及良好的觸感，加上容易染色，在歐洲廣受歡迎。

如同各位所熟悉的，以鄂圖曼帝國為首的伊斯蘭商業，因香料貿易而欣欣向榮，從亞洲到歐洲的海上航線，有相當大的一部分是被穆斯林商人所包下。因此，如果我們要思考以鄂圖曼帝國與蒙兀兒帝國為首的伊斯蘭商業衰退過程，應該以商業作為主要觀察面向。

鄂圖曼帝國與地中海商業

地中海地區的國家，以與鄂圖曼帝國間的貿易（黎凡特貿易）為中心，而本書將以法國和鄂圖曼帝國間的貿易為例來作分析。

根據深澤克己的著作《商人與更紗——近代法國黎凡特貿易史研究》（東京大學出版會，二〇〇七年），法國馬賽是十八世紀地中海內貿易的中心，透過馬賽商人之手，將朗格多克（Languedoc）所生產的毛織品出口到鄂圖曼帝國，馬賽的貿易幾乎只限定於鄂圖曼帝國。

從一六六〇年代後半開始，英國的黎凡特公司掌握東地中海商業霸權半世紀以上，與其相對抗的是一七二〇年代起開始活躍的馬賽商人。由馬賽所出口的毛織品，幾乎全以鄂圖曼帝國為交易對象。十八世紀後半，由於饑饉和疾病，導致敘利亞與美索不達米亞人口減少，也讓鄂圖曼帝國的毛織品市場縮小。另一方面，十八世紀末期鄂圖曼帝國的蘇丹統治能力弱化，導致向該帝國出口毛織品變得更加困難。

十八世紀時，法國的大西洋貿易雖然更加擴展，然而法國對地中海地區的貿易卻逐漸衰退，這與鄂圖曼帝國的經濟狀況有很大的關聯。不過，至少對當時的地中海地區來說，鄂圖曼帝國的影響力仍不可小覷。

讓伊斯蘭商業雪上加霜的原因

一六二〇年代時，胡椒和香料並非透過駱駝商隊經由陸路運送到歐洲，大部分的胡椒和香料透過英屬和荷屬的東印度公司，經由好望角路線運送。

丹麥的歷史學家尼爾斯．斯汀斯戈（Niels Steensgaard）將此一現象命名為「亞洲的運送革命」。透過好望角路線，香料和胡椒等最終抵達鄂圖曼帝國，揮別過往經由埃及亞歷山大港送至義大利的路線，這對鄂圖曼帝國的經濟無疑是雪上加霜。

那麼，由亞洲出發的海上路線（經由好望角），究竟給歐洲帶來哪些商品，又產生什麼影響呢？美國歷史學家揚．德．弗里斯（Jan de Vries）主張，從十六世紀到十七世紀，藉由運送胡椒與香料（肉荳蔻、丁香、桂皮等），好望角路線在海運的角色越加吃重，然而胡椒的運送量並沒有顯著成長。

如果將胡椒以重量換算，一五四八年西班牙統治時期由里斯本上岸的亞洲製品中，胡椒佔百分之八十以上，十八世紀末期時僅佔百分之十三。與胡椒的趨勢相反，荷屬和英屬的東印度公司所運送的棉織品所佔比例卻持續上升，從一六六〇年代到一七二〇年代，每年平均增加百分之二點五，這大概也是因為歐洲由印度輸入棉織品的緣故。

不僅如此，這些產品並非透過伊斯蘭的船舶運送，而是透過英屬和荷屬的東印度公司的船舶運送，由此可窺見伊斯蘭商業的衰退跡象。

東南亞重要性的改變

一七〇一年康熙（在位時期一六六一年～一七二二年）開放歐洲商人得於廣州從事貿易活動，然而當時的茶葉僅佔英屬和荷屬的東印度公司收入的百分之二，並非亞洲的主要出口商品。

當時採取海禁政策的中國，唯一對世界開放的港口便是廣州，在廣州，歐洲人得以和丹麥人、法國人、瑞典人以及奧屬尼德蘭的人們從事交易。十八世紀時，廣州茶葉的貿易量大幅增加，一七一八年中國更容許擁有貿易特權的歐洲公司在廣州設立據點，當時有七十七萬一千公斤的茶葉被運送到歐洲。

從一七一九年到一七二五年，到一七四九至一七五五年的期間，由廣州出口的茶葉量每年平均增加百分之六點七，這些商品透過好望角路線被運送到歐洲。此時，從亞洲出口的主要商品已非香料，而是茶葉。

如此的變化也反映在使用船舶的噸數上。表3顯示由亞洲開往歐洲的船舶噸數，由這張表我們可以看出，由亞洲開往歐洲的船舶噸數在二百年間不斷增加，原因大概是因為由亞洲往歐洲的茶葉運送量大幅上升吧。

表3　由亞洲往歐洲的船舶噸數

年度	噸數	年度	噸數
1601-10	58,200	1701-10	58,200
1611-20	79,185	1711-20	79,185
1621-30	75,980	1721-30	75,980
1631-40	68,583	1731-40	68,583
1641-50	112,905	1741-50	112,905
1651-60	121,905	1751-60	121,905
1661-70	121,465	1761-70	121,465
1671-80	125,143	1771-80	125,143
1681-90	172,105	1781-90	172,105
1691-1700	171,540	1791-95	171,540

出處：Jan de Vries, "Connecting Europe and Asia; A Quantitative Analysis of the Cape Route Trade, 1497-1795," in Dennis Flynn, Arturo Giraldo, and Richard von Glahn (eds.), *Global Connections and Monetary History*, 1470-1800. Aldershot, 2003, p.61, table 2.4.

雖然確切的理由並不明確，然而十八世紀時，歐洲對香料的需求大幅下降，這也意味著對歐洲來說，東南亞的重要性明顯降低。歐洲人的確有在印尼生產砂糖，然而印尼所生產的砂糖僅在亞洲內部消費，幾乎沒有出口到歐洲，而從亞洲經由好望角運送到歐洲的商品，也從早期的奢侈品轉變為民生必需品。亞洲雖然也有生產咖啡，但也與砂糖面臨相同的狀況，歐洲所進口的咖啡與砂糖等商品，多半來自新世界。在亞洲的產品中，只有茶葉和棉織品出口到歐洲的數量比新世界多，然而以棉織品而言，好不容易擴展大西洋貿易的英國人，卻反過來將棉織品由歐洲出口到亞洲。

伊斯蘭商業與歐洲地中海的關係

亞洲出口至歐洲的商品由香料轉為茶葉，並且使用歐洲的船舶運送，這與伊斯蘭商業的衰退脫不了關係（至少有些許關聯）。由印度洋連接到東南亞的亞洲海域，本就是許多跨文化的交易圈，在其中扮演重要角色的就是穆斯林商人，但英屬和荷屬的東印度公司船舶，卻從穆斯林商人手上奪走了運送商品的優勢。活躍在亞洲的不再是伊斯蘭船舶，而是歐洲船舶，對於伊斯蘭世界的各個國家而言，想必是相當沉重的打擊。

亞洲產品中雖然也有能夠大量出口到歐洲的商品（如砂糖和咖啡），但這些商品的消費幾乎都僅止於亞洲內部，而另一方面，棉織品的生產中心也由印度轉移到英國。原先亞洲不需要歐洲的產品，但隨著情勢改變，歐洲所需要的產品，透過歐洲船舶由亞洲運送到歐洲；亞洲所需要的棉織品，則由英國透過英國船舶送到亞洲。從這裡可以解釋與印度洋貿易相關的穆斯林商人地位滑落的原因，況且，亞洲與歐洲的交易，根本不需要經過鄂圖曼帝國的領土。

對於十八世紀的地中海而言，鄂圖曼帝國確實是重要的市場。然而，這也意味隨著鄂圖曼帝國商業的衰退，仰賴鄂圖曼帝國的地中海世界也將隨之沒落。北歐及西歐各國的抬頭，與大西洋經濟之間有密不可分的關聯，也因為大西洋經濟的抬頭，讓北歐及西歐各國得以前進亞洲。

第3章

英國躍居世界頂點的原因

1 大英帝國的起始與伊莉莎白一世

——由世界的邊陲到中央

擁有許多殖民地的英國

如同各位所知，英國的正式名稱是「大不列顛及北愛爾蘭聯合王國」。不知當各位看到如此拗口的國名時，對背後所隱含的故事是否了解呢？

簡單地說，英國由英格蘭、蘇格蘭、威爾斯、愛爾蘭合併而成。而英國本國與其過往的殖民地所組成的國家聯邦，又被稱為大英國協（British Commonwealth of Nations）。想必各位看到這裡也覺得很複雜吧！原因在於英國曾在世界各地擁有許多殖民地，只要看看地圖7馬上就可以了解。

如果將英國的國家制度譬喻成旅館，各位可以試著想像老舊旅館的風貌，配合不同階段的需求擴建。有時明明在舊館的二樓走著，卻在不知不覺間走到新館的三

地圖7　英國曾統治過的地區

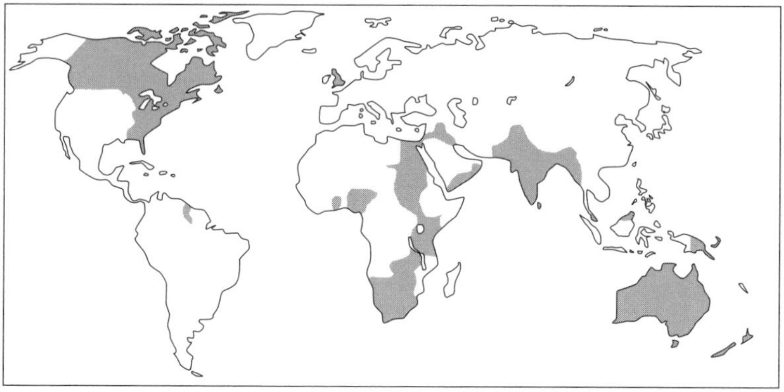

出處：玉木俊明《海洋帝國興隆史》第41頁，講談社，2014年。

樓，這也是英國國家制度的特色。舉例來說，英國的財務大臣不是「Minister of Finance」（Treasury）而是「Chancellor of the Exchequer」。此一用語源於中世紀國王的金庫管理人，其後發展為財政部，掌管國家財政，沿用「Chancellor of the Exchequer」一詞。此外，英國王儲稱號「Prince of Wales」，直譯便是威爾斯親王，王儲的衣著也有蘇格蘭民族服飾的蘇格蘭紋。

隨著歷史發展演進，英國沒有深入探究自身究竟要採取哪一個國家的制度，而是順其自然，發展出獨有的樣貌。

英國於十五世紀中期在百年戰爭敗給法國，此後便未嘗敗績。因此，英國本身缺乏改革國家制度的強烈需求，也就順其自然發展至今，且英國也在這當中成為世界帝國，想採行何種國家制度也是無關緊要的事了。各位可以想像，英國由英格蘭、蘇格蘭、威爾斯、愛爾蘭所合併而成，猶如拼圖一般，由不同樣貌的國家拼湊而成。正因為英國的獨特性質，在先前脫歐與否的爭論中，英格蘭想脫歐，但蘇格蘭卻希望留歐，同一國家內部的選擇也截然不同。

被北海帝國佔領的英國歷史

回顧英國大不列顛島的歷史，凱爾特人從西元前九世紀起便居住於此。西元前一世紀羅馬人入侵，成為統治階級，支配凱爾特人。羅馬人在西元五世紀離開大不列顛島，日耳曼人成為新的統治階級。在大不列顛島南部，日耳曼民族的盎格魯・薩克遜建立七大王國，但是日耳曼民族的文化並未滲透到威爾斯，威爾斯仍保有凱爾特文化。

接著，一〇一三年丹麥的克努特大帝（Canute the Great，在位時間一〇一六年～一〇三五年）將英格蘭納入丹麥的一部分（又被稱為北海帝國），這樣的狀況持續

地圖 8　北海帝國領土（挪威、丹麥、英格蘭）

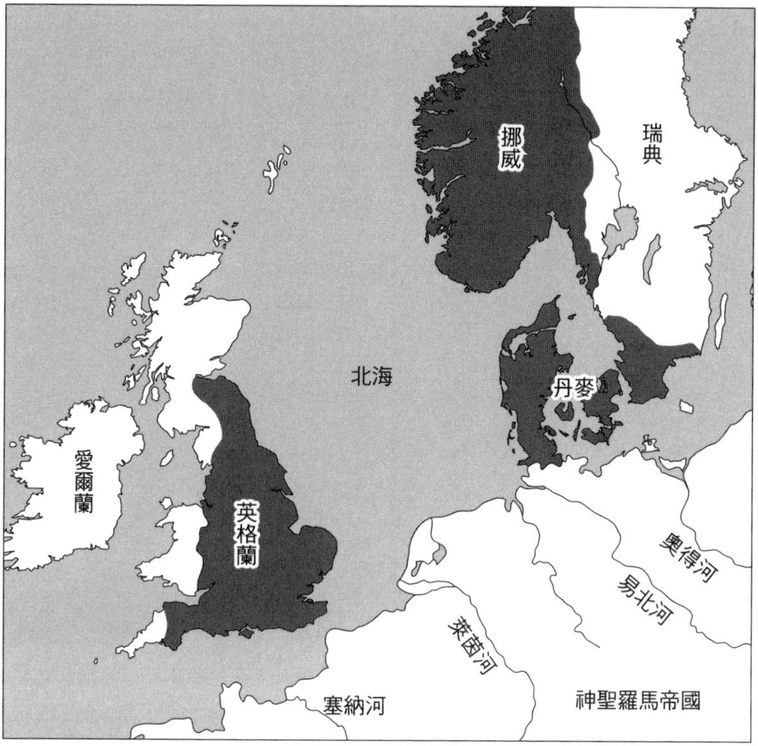

地圖9　安茹帝國的領土

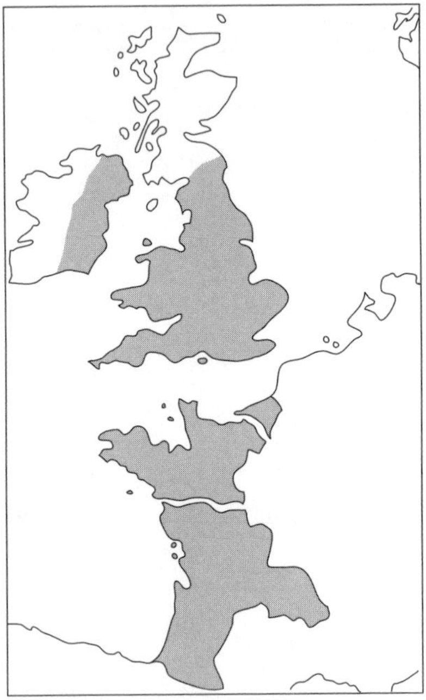

到一〇四二年。之後，一〇六六年發生英國史上最重要的事件「諾曼征服」。法國的諾曼第公爵威廉二世攻入英格蘭，在哈斯丁擊敗英格蘭軍隊，開啟諾曼第王朝（一〇六六年～一一五四年），諾曼第公爵威廉二世即位英格蘭國王，稱號威廉一世。

一一五四年，法國貴族安茹伯爵亨利即位英格蘭國王，稱號亨利二世，成立金雀花王朝（一一五四年～一三九九年），也被稱為安茹帝國。如同各位所知，金雀花王朝的國王在法國雖然是法國國王的臣下，在英格蘭卻是英格蘭國王，從地圖9上可以看到安茹帝國的領土廣大。此時英國的官方語言是法語，英語被視為土著的語言，從歷史舞台上銷聲匿跡了好一段時間。

雖然英國史的研究不見得會提及，但我認為，克努特大帝的北海帝國，長時間佔領英國部分領土的可能性很高。英國（至少英格蘭）可能分別被北海帝國和安茹帝國所統治，一部分屬於北歐，另一部分則屬於歐洲大陸，也就是說，當時英國很可能並不存在，更不用說大英帝國。如果當時英國就已經存在，我們現在看到的世界史大概又會是另一番風貌。

換言之，中世紀盛期之際，我們現在所認知的「英國」，很明顯地位於歐亞大陸歐洲的邊陲地區，而且，很可能還談不上是個島國。

英國誕生的真相

有些說法指出，英國由於中世紀與法國間的戰爭，失去不少領土。但我認為這樣的說法並不正確，說起來「英國」原本便是安茹帝國的一部分。隨著安茹帝國金雀花王朝的統治逐漸崩解，在原先安茹帝國的領土中，形成名為英國和法國的國家，不知各位讀者是否贊同我的見解呢（從法國的角度來看，安茹帝國的歐洲大陸領土後來成為法國的領土）？

無論何時，戰爭都會激起民族主義。英國的民族主義也是如此，在英法百年戰爭（一三三七年～一四五三年）的過程中，英國於一三六二年承認英語為官方語言，恐怕那時才是名為「英國」的國家誕生的時刻！

海外發展的關鍵時期

英國在百年戰爭中敗北，除了加萊，英國失去了所有的海外領土。英國在百年戰爭結束的二年後，也就是從一四五五年起算的三十年間，歷經了薔薇戰爭，而都鐸王朝的誕生，則為英國打下近代國家的基礎。

在亨利八世（在位期間一五〇九年～一五四七年）的統治下，英國設立英國國教會，脫離羅馬教會。此外在亨利八世時，威爾斯也成為英格蘭的一部分。

在亨利八世之女，伊莉莎白一世（在位期間一五五八年～一六〇三年）的時代，英國確立了英國國教會的體制，很多人認為，伊莉莎白一世在位時期正是英國經濟繁榮的時代，但是當時英國國民產業的毛織品輸出狀況其實並不理想，一六〇一年甚至發布伊莉莎白濟貧法，在那個時代，貧民政策是英國當時所面臨的一大難題。

不過我們也不能忽略，伊莉莎白一世在位的時期，正是英國向海外發展的年代。英國將半成品的毛織品運送到安特衛普，並在安特衛普轉為成品銷售到各地，但由於英國的半成品毛織品在安特衛普市場銷路不佳，一五五一年英國改將半成品毛織品運送至摩洛哥，一五五三年運送至幾內亞，而且將目標放在與俄羅斯的交易，路線是斯堪地那維亞半島北部的東北航路。接著，在一五七〇年代的黎凡特地區（主要是鄂圖曼帝國）嘗試直接貿易。

一五六八年，低地國（今天的荷蘭、比利時、盧森堡，以及法國北部）與西班牙間爆發荷蘭獨立戰爭，一五八五年西班牙攻陷低地國最大的商業都市安特衛普。安特衛普不僅與南德市場連結緊密，與阿爾卑斯山另一端的義大利市場也有很大的關聯，藉由伊比利半島，安特衛普與南美也有所聯繫。

安特衛普市場仰賴進出口雙方才得以運作，但是戰爭讓安特衛普無法發揮交易功能。因此，伊莉莎白一世時期的英國，被迫直接和不同地區進行貿易，開始前進各個地區。從航向海外的那一刻起，英國不再只是單純的島國，大英帝國的發展自此拉開序幕。

2 英國與眾不同的原因

名為清教徒革命的三王國之戰

從以前就有「典型的公民社會誕生在英國」的說法。一六〇三年伊莉莎白一世逝世，蘇格蘭國王詹姆士六世即位英格蘭國王，稱號詹姆士一世（在位期間一六〇三年～一六二五年），這是英格蘭與蘇格蘭締約合作的開始，兩國於一七〇七年正式締約。

有關清教徒革命，一般的說法是詹姆士一世之子查理一世（在位期間一六二五年～一六四九年）採行高壓統治，引發名為清教徒革命的公民革命。國王被判處死刑，英國揮別過往的封建體制，往近代化之路邁進，今日我們可以看到山川出版社的《世界史用語集》也採用此一說明。

然而我身為歷史學者，卻無法支持上述說法。我認為十七世紀中期，英國的騷動涉及英格蘭、蘇格蘭以及愛爾蘭三個王國之間的戰爭，如果只將英格蘭為中心的清教徒革命視為主軸，難以看清事件的全貌。況且，無論是將這個事件稱之為清教徒革命，或是英格蘭、蘇格蘭以及愛爾蘭三個王國之間的三王國之戰，英國的本質仍然沒有改變。亡命至法國的國王詹姆斯二世（在位期間一六八五年～一六八八年）回國，統治階級依舊是貴族和地主。

另一方面，被稱為護國公的奧立佛．克倫威爾（Oliver Cromwell），在英國內亂中擊敗保王黨，征服愛爾蘭，進攻蘇格蘭，克倫威爾也引入消費稅制度，施行航海法，帶給英國許多正面的影響。

英國遙遙領先的景況

英國從王政復辟的一六六〇年以後，特別是光榮革命（最近也被稱為政變）後，由於和法國的戰爭，導致英國國家體制的變化。

為了對法征戰，英國借貸鉅款，更精確地說是發行國債。為了償還國債，英國採行消費稅制度，由於戰爭，讓英國財政制度逐漸肥大化。

一六五〇年左右的英國，徵稅的比例是國民所得的百分之三到百分之四；一七一四年漢諾威王朝對英格蘭和蘇格蘭所徵的稅，是國民所得的百分之九。此後英國的課稅更不斷加重，為了戰爭所需，英國發行國債，所需償還的數額十分驚人。

由於西班牙王位繼承戰爭，英國的債務由一千六百萬四千英鎊上升到五千三百萬七千英鎊。為了償還這些債務，英國成立南海公司，一七二〇年，英國的公債轉由南海公司承受，該公司的前景備受社會大眾期待，股價大幅上揚，但在短期間內旋即下跌，這便是泡沫（Bubble）用語起源的「南海泡沫事件」。

在南海泡沫事件後，英國的金融政策便有所調整，將金融財政體制中央集權化，透過一六九四年成立的英格蘭銀行集中管理。歐洲其他各國，直到十九世紀才採取金融和財政體制的中央集權化，英國比他國領先了一個世紀，先前提及的派屈克．歐布萊恩，稱之為「與眾不同的英國」。英國所採取的政策並非亞當．史密斯所言的「看不見的手」，而是用「看得見的手」引領國家步向繁榮。

克倫威爾最大的貢獻

「與眾不同的英國」不僅在金融和財政體制方面實施中央集權化，海運業的發展也與其他國家不同。英國一開始並非海運業興盛的國家，一五六〇年英格蘭比不上荷蘭、西班牙和葡萄牙，也比不上漢堡和呂北克。

克倫威爾於一六五一年頒布最早的航海法，之後英格蘭（一七〇七年以後的英國）於一六六〇年、一六六三年、一七三三年、一七六四年，也數次頒布施行航海法。

航海法的目的在於排除荷蘭船隻，當時荷蘭擁有歐洲最大的商船隊伍，歐洲絕大多數的商品都使用荷蘭船隻運送。英國希望以航海法為中心，建構出排除荷蘭船隻的體制。航海法與消費稅同樣都是克倫威爾留下來的珍貴遺產，如果沒有克倫威爾，或許也不會有英國後續的發展。無論在大西洋貿易或歐洲內部的貿易，英國都成功地排除了荷蘭船隻，這也是英國與眾不同的事例之一。

英格蘭人所擁有的船舶噸數因此大幅增加，一五七二年為五千噸，但一七八八年飆升至一百零五萬五千噸，在二百年間成長了二百一十一倍。由於使用英格蘭船隻，無須再支付荷蘭運送費用，有助於改善國際收支，英國藉由海運業保護政策讓經濟大幅成長。

一般的說法認為十七世紀的荷蘭採行自由貿易，然而，荷蘭於十七世紀採行自由貿易的依據，多半來自胡果．格勞秀斯（Hugo Grotius）所著的《海洋自由論》。提到格勞秀斯的同時，我們必須記得他主張歐洲自由貿易，同時對於東印度貿易則採取保護貿易論。格勞秀斯既是機會主義者，對荷蘭經濟的觀點也不切實際，但是，縱使我們撇開格勞秀斯的見解不談，荷蘭和英國的海運業機制也著實有所不同。

荷蘭沒有形成如同英國般的廣大帝國，而是由商人自行開拓海運業，相較之下，英國的自家船隻先由帝國內部的海運業開始，接著邁向英國勢力下的「帝國」（無論是否有形式上的支配從屬關係），最後讓英國船隻航向全世界。就這一點而言，英國和荷蘭的海運業經營方式的確大相逕庭。

為何只有英國成功發動工業革命？

大西洋貿易的特徵，是從非洲西岸將奴隸帶往新世界，在新世界生產砂糖。英國也不例外，但還加上了另一個要素，那就是讓奴隸栽培棉花，這也是英國與眾不同的地方。

如同各位所知，英國將進口的棉花製成棉製品，引發了工業革命，而綜觀大西洋貿易的狀況，英國的確是個例外。不要忘記，只有英國的大西洋貿易引發工業革命，而且工業革命也改變了世界的歷史，或許只有英國察覺到棉花的重要性吧！

一般認為，英國為了替代從印度輸入的棉織品，因而發展紡織業，成功引發工業革命。然而，在亞洲運送印度棉織品的是荷蘭人，而棉製品不僅在英國銷售，也在歐洲大陸銷售。從這個角度來看，歐洲大陸各國，尤其是荷蘭，應該會傾向發展紡織業來替代印度的棉製品才對。然而，卻只有英國成功，這也是個人類歷史上巨大的謎團。

強悍的大英帝國形成之因

讓我們回到進口砂糖的話題。英國所進口的砂糖多半用於國內消費，因此讓英國的消費生活型態產生巨變，也被稱作「生活革命」。相對地，其他國家的砂糖一旦送回本國，往往會再出口到其他國家。

十八世紀時，西班牙、葡萄牙、法國等，一旦進口來自新世界的砂糖，當中有很高的比例會出口到漢堡，在漢堡加工製糖後再出口。西歐各國確實在歐洲以外的地方獲得相當大的利益，新世界、非洲、亞洲等各國陸續成為歐洲各國的殖民地，但是，只有英國成為具有一體性的「帝國」。

比方說，大英帝國在財政上也有一體性。根據目前的研究，七年戰爭時（一七五六年～一七六三年），印度繳交「本國費」（home charges）給英國，這筆資金不僅影響印度本國的財政，也在大英帝國的財政結構中佔了相當重要的部分，由此可見印度對於大英帝國財政的重要性逐漸提高。

從財政面來看，英國許多殖民地都對殖民母國有所貢獻，而大英帝國的一體性，使其他歐洲國家的「帝國」都難以望其項背。雖然財政上具有一體性，然而各國因狀況不同，統治方式也非常多樣化，這正是大英帝國之所以複雜的原因。

3 從國際貿易解析英國的發展概況

大塚久雄（一九〇七年～一九九六年）是日本具代表性的知識份子，身為第一位以經濟史學家身分榮獲文化動章的學者（一九九二年），在日本知名度相當高，甚至在他逝世二十年後，著作仍然暢銷，是位非常罕見的學者。

英國「國民經濟」的開端

大塚久雄的經濟史也被稱為「比較經濟史」，以全世界最早達成近代化的英國為典範，比較其他國家近代化落後的狀況。從他的觀點來看，英國早一步形成以國家作為一個經濟體的「國民經濟」，可說是具代表性的資本主義國家。而從大塚觀點出發的歷史學，至今仍深深影響著日本高中所使用的歷史教科書。

大塚久雄在討論近代化的重要原因時，並非將焦點放在商業，而是著重於農業，認為自耕農是形成近代國家的基礎。英國的毛織品並非在都市，而是在農村中發展，而自耕農在其中扮演著重要的角色。

大塚也受到德國人馬克斯．韋伯（Max Weber，一八六四年～一九二〇年）的影響，認為具有理性思考方式的人們才是近代化重要的推手。簡單來說，邁向近代化的關鍵並非經營投機性質的商業，而是腳踏實地從事農業。

相較於農村中腳踏實地的人們，在大塚的觀點中，都市的紡織工人可說是形象負面的反派角色，從事農村工業的人們不屈服於這些惡人的阻撓，最終還是獲得勝利，懲惡揚善的論述也是大塚觀點的特徵。

接著大塚久雄以典型的近代人丹尼爾．笛福（Daniel Defoe，一六六〇年～一七三一年）的小說《魯賓遜漂流記》的主角為例，說明自己的觀點。

從商業到農業的轉換

日本的經濟史學界將丹尼爾・笛福所描寫的魯賓遜，定位為代表中產階級的農民。在這裡讓我們以大塚久雄《社會科學的方法》（岩波新書，一九六六年）一書為出發點，看看其中關於魯賓遜的論述。

大塚認為魯賓遜原本是個投機商人，由於流落荒島，獨自一人生活二十年以上，宣示自己是所在島嶼的主人。由於受到當時第二次圈地運動的影響，他將無人島的土地畫出範圍，過著農業生活。

根據大塚的說法，身為商人的魯賓遜，曾經以一夕致富為目標，在流落荒島後，魯賓遜深切反省自己過去的錯誤觀念，製作資產負債表，理性計算規劃生活所需，揮別以往全憑運氣的投機事業，從商人的世界轉向農民的生活。最後魯賓遜終於獲救，回歸故鄉英國，選擇不再當商人，成為地主，過著腳踏實地的生活。大塚認為，魯賓遜在孤島的生活型態，正是當時經營農村工業，在社會上開始崛起的中產階級。

魯賓遜所代表的形象

上述對魯賓遜的看法，長年以來受到支持認同，想必現在也有許多人這麼認為。然而，魯賓遜所代表的是當時的商人，絕非農民，他的生活方式以及整個生涯旅程，展現出當時從事國際貿易的商人的一生。

魯賓遜落難至荒島後，他首先感謝上天救自己一命，接著拿出船中僅存的小麥和槍枝、彈藥，將住居劃出界線，宣示自己是這裡的主人，大塚久雄認為這是和當時的圈地運動相同的行為；同時魯賓遜也飼養山羊和種植小麥，藉此增加食糧，這的確是農民的生活方式。但其實商人也會理性安排生活作息，或者我們該說，理性的生活正是商人的習慣，為了減少商業風險，商人會盡可能從事經濟理性的活動。

接著，這裡還有一個重點。魯賓遜漂流到無人的荒島，不清楚所在地的主人為何人，但他仍斷然宣示「這裡是我的土地」。此一行為正是體現了歐洲人的帝國主義，仔細想想，這種思考方式實在是唯我獨尊，完全以自我為中心。

魯賓遜在漂流到荒島的期間，每天撰寫日記甚至製作損益表，他將孤島的生活視為經營事業活動，確實記帳、編列報表。

大塚認為，魯賓遜捨棄商人冒險投機的生活方式，依循當時中產社會階層的步伐，一步步邁向成功，並反省過去妄想一夕致富的價值觀，學習農村中產社會階層的生活方式。

然而，大塚的說明並未呈現當時社會的真實狀況。製作損益表、記帳和寫日記等都是商人的例行公事，至於農民根本就不需要製作損益表。因為做生意難免會有風險，對於商人來說，重要的是盡可能降低風險，所以商人絕對不是只靠著運氣就大膽地出外冒險和經營事業，各種商業活動的背後，都有精密的風險計算。

大塚久雄認為農村毛織品是催生近代英國的重要關鍵，並將魯賓遜視為農民的代表，進一步解讀《魯賓遜漂流記》一書。然而，實際狀況卻與大塚的想法背道而馳，魯賓遜其實是當時國際貿易商人的典型。

活躍在國際貿易網絡中的商人

舉例來說，魯賓遜的父親出生於德國不來梅，接著來到英國東岸的港口城市赫爾，其後移居約克郡，這是當時從事北海貿易的商人典型的移動路線。

魯賓遜深受父親影響，也出外從事國際貿易。他先前往地中海，但在地中海被（伊斯蘭教徒的）巴巴里海盜所抓，接著他到巴西經營農場，然後又漂流到加勒比海的島嶼，最終才回到故鄉英國，成為地主。大塚久雄和部分歷史學家認為，魯賓遜漂流記的故事，就是魯賓遜放棄商人生涯，轉向農業生活的故事。

這些歷史學家的主張是否有道理，讓我們來看看真實的狀況吧！當時英國商人在地中海經營事業，被巴巴里海盜所擄的情形並不稀奇；另一方面，魯賓遜跨越國境，到葡萄牙的殖民地巴西投資農場，從巴西往加勒比海途中，漂流至西印度群島的某個島嶼，西印度群島由於運用奴隸生產砂糖而廣為人知，對於英國經濟至為重要，因此魯賓遜也在巴西從事奴隸貿易。魯賓遜漂流記所描寫的故事，正是魯賓遜在國際貿易商人網絡中活躍的歷程。

此外，無論哪一個國家，結束商人生活後成為地主是常有的事。當時的商人在船舶上生活相當耗費體力，無法長久從事貿易活動，所以一旦結束商人生涯，往往會用經商所獲得的財富買下土地，以地主的身分度過餘生。

理解歐洲商業模式的著作

魯賓遜的人生就是當時從事國際貿易的商人生涯，他所代表的絕非在農村工業中活躍的中產階級。其實，《魯賓遜漂流記》的作者丹尼爾・笛福也曾撰寫《完美的英國商人》一書。

中世紀的義大利有一些被稱為商人指南的書籍，內容傳授許多商業實務，早期用手寫抄錄，後來改為印刷出版。歐洲各地皆有許多商人指南，其中最傑出的作品是一六七五年法國雅克・薩瓦里（Jacques Savary）所著的《完美的商人》一書。笛福為對該書表示敬意，將自身所撰寫的商人指南命名為《完美的英國商人》。

如此一來，想必各位更能明白，笛福的作品所描寫的對象絕非農村工業。魯賓遜往來北海、波羅的海、地中海以及大西洋之間，正是個不折不扣的國際貿易商人。丹尼爾・笛福的作品，讓我們更深刻地了解當時的商人和商業世界，說《魯賓遜漂流記》一書是理解歐洲商業模式的絕佳教材一點都不為過。

4 從紅茶的盛行剖析英國的發展與貿易

各位想必都知道，英國人時常飲用紅茶。其實英國在十七世紀中期開始就有飲用咖啡的文化，但在十八世紀時，卻搖身一變為紅茶國度。箇中原因十分複雜，不過印度作為英國的殖民地，在英國步向紅茶國度的過程中也發揮相當大的影響力，之後英國更進一步從中國廣州進口茶葉，成為世界第一的紅茶進口國。

英國進口的茶葉由英屬東印度公司所運送，但進口茶葉卻引來了大麻煩。由於茶葉關稅相當高，有時甚至高達百分之一百一十九，使得一般人無法享受喝茶的樂趣。但是，喝茶可說是英國的全民運動，這也表示英國人所飲用的茶，並不全是來自英屬東印度公司，全球性的商人網絡也扮演重要角色。換句話說，英國人所飲用的茶，其實有一大部分來自於走私品。

大規模走私茶葉的瑞典東印度公司

瑞典東印度公司於一七三一年獲得特許狀而創設，一八一三年解散，該公司的根據地位於瑞典西岸的哥特堡，目前做為博物館使用。瑞典東印度公司的活動時間約八十年，在這當中往亞洲的航海次數為一百三十二次；前往廣州的次數為一百二十四次；前往廣州和印度五次；單純前往印度的只有三次。

由於擁有特許狀，該公司獨佔瑞典對好望角以東地區貿易的權利，然而實際上瑞典東印度公司的貿易，就是與廣州間的貿易。瑞典東印度公司幾乎沒有從事由瑞典出口的貿易，而是專注於從中國進口商品的貿易，該公司所進口的商品，大部分都是茶葉。茶葉佔瑞典東印度公司進口額的比例，在一七七〇年為百分之六十九，一七八〇年已上升到百分之八十。

該公司在廣州也設有商館，但沒有海外領土或殖民地，員工也只有二百五十人到三百人左右，與擁有軍隊的英屬東印度公司或荷屬東印度公司相比，規模完全不同。瑞典東印度公司從廣州進口的商品絕大多數是茶葉，並將進口茶葉送到瑞典的哥特堡競標。

在這裡也想向各位介紹瑞典東印度公司與奧斯坦德公司之間的關係。奧斯坦德公司正如其名，根據地就是現在比利時的奧斯坦德，公司營運時間從一七二二年到一七二七年，當時是奧屬尼德蘭的貿易公司，雖然活動時間短暫，卻與瑞典東印度公司關係密切，加入瑞典東印度公司的人，有許多曾在奧斯坦德公司從事貿易活動。從某種程度來看，瑞典東印度公司可說是奧斯坦德公司的後繼者，這個例子也顯示國際貿易商人之間的網絡十分緊密。

瑞典人所習慣飲用的飲料並非茶，而是咖啡。想當然爾，瑞典所進口的茶葉絕大部分會再出口，而瑞典東印度公司的再出口額佔了總出口額的百分之二十到三十。

讓我們來看看茶葉的旅程。這些茶葉首先被運往荷蘭和奧屬尼德蘭，從這裡可以發現，過往奧斯坦德公司的活動範圍，對瑞典東印度公司的貿易路線也有所影響。之後這些茶葉被運往德國的腹地，接著是法國、西班牙、葡萄牙、地中海，然後是英國。英國是歐洲最大的茶葉消費國，從哥特堡出發，最終前往英國的茶葉很可能是走私的商品。我認為出口到英國的茶葉，並非直接由哥特堡送往英國，而是先送到荷蘭和奧屬尼德蘭後再出口，由於瑞典茶是低級品，加上又是走私貨，連低所得的人也能夠取得。根據推估，一七四五年到一七四六年間，英國人為走私茶葉所支付的金額每年約八十萬英鎊，用這筆金額走私進口約一千五百噸的茶葉綽綽有餘。

英國的茶葉市場曾經被英屬東印度公司獨佔，關稅也很高，茶成為非常高價的商品，但一七八四年英國首相威廉．皮特（William Pitt）實施減稅法（Commutation Act），將茶的稅率由百分之一百一十九降至百分之十二點五，因此茶葉價格降低，也不再需要仰賴走私，不過，在這之前，低所得的人們想必還是倚賴瑞典東印度公司的茶葉吧！

法屬東印度公司的高級茶葉

十八世紀的法國，在大西洋貿易中與英國競爭，貿易量也隨之成長，有些歷史學家將之稱為「法國的經濟奇蹟」，但法國在亞洲的斬獲卻不大。

不僅是英國和荷蘭成立東印度公司，法國於一六〇四年也創立東印度公司，該公司在一六六四年成為國營公司，並在一七一九年轉為印度公司，從事東西印度的貿易，一七三一年更排除非洲與路易斯安那的貿易，重新聚焦於東印度貿易，但該公司於一七九五年解散。

法屬東印度公司在法國的根據地，在布列塔尼地區為洛里昂；在東亞的根據地則是本地治里市和金德訥格爾，而法屬東印度公司在茶葉的進口上，也扮演著十分重要的角色。

十七世紀步入尾聲之際，布列塔尼的人口約二百萬人，佔當時法國總人口的百分之十。在布列塔尼的港灣都市中，聖馬洛向西班牙提供纖維製品，並將法國製造的商品送往西班牙，聖馬洛聯繫著世界各地，一七一三年由該都市出航的皇太子號行經南美大陸最南端的合恩角，將纖維製品送到祕魯，之後用美洲白銀買入中國商品，再回到法國。進口至法國的主要商品是咖啡和茶業，其中茶葉的進口量十七世紀末為十萬磅，十八世紀後半增加至將近二百萬磅，而香料、胡椒和棉花也是重要的商品。

讓我們把關注焦點放在茶葉的進口上。當時，有許多茶葉由廣州出口到法國，但是法國與瑞典的狀況相同，消費咖啡而不消費茶葉，因此這些茶葉也可能走私到世界最大的茶葉消費國英國。

一七四九年到一七六四年，廣州出口到法國的總額年平均為一千一百九十二萬五千二百八十八里弗爾；一七六六年到一七七五年為一千二百二十八萬五千七百三十九里弗爾，在不同的時間區段中，布列塔尼所佔的比例各為百分之四十二點七一及百分之五十點一六。在這個時期，就茶葉進口的相關數據來看，布列塔尼所佔的比例為百分之八十二點四六，而且其中大部分出口到南特。雖然十八世紀的南特被公認是法國奴隸貿易的中心都市，但是從廣州進口的茶葉也非常重要，而法屬東印度公司進口的商品中，茶葉也比咖啡來得多。

送到布列塔尼的茶葉，主要被運送到英國和荷蘭。雖然不知道這些茶葉到荷蘭後究竟去了哪裡，但因為法國人和荷蘭人多半都飲用咖啡，即便進口茶葉，國內的消費量也很少，由這點來推測，這些茶葉大概大部分都被送到英國了，而且法國的茶葉十分高級，主要客群很可能是英國的富裕階層。

走私貿易數量的猖獗

如果計算十八世紀各個國家每人消費的茶葉量，英國絕對位居世界之冠，然而英國人所喝的茶，來源並不僅限於英屬東印度公司。

仔細想想，英國和鄰接英吉利海峽以及北海的各個國家，之所以還需要和中國貿易，背後的原因或許正是出於英國人對茶葉的需求。走私到英格蘭的茶葉量，據推測約有四百萬磅到七百五十萬磅，這個數字遠比合法進口的量要多上許多。

對於歐洲人而言，茶葉無庸置疑是重要的走私品。除了哥特堡和南特，從廣州到漢堡也有茶葉出口貿易，但是漢堡的腹地是易北河流域，然後是波羅的海地區，再怎麼想，這些地方都不是茶葉出口的主要對象。漢堡又被稱為「小倫敦」，與倫敦有密不可分的關係，我想應該可以推測，漢堡到倫敦也存在著走私貿易。

促使走私交易興盛的主因，便是高額的關稅。英國過往對茶葉課以相當高額的關稅，直到一七八八年採用減稅法前，對茶葉的稅率幾乎不曾低於百分之八十，超過百分之百也是常見的事。

茶葉透過英國的海峽群島以及曼島等地區向英國進行走私，關鍵在於這些地區的關稅與英國本土不同。然後，走私船抵達索塞克斯、肯特和薩福克等地，最後進入英國本土。

中國茶葉出口的爆炸性成長

無論是合法或非法的貿易者，隨著七年戰爭告終，都必須面臨市場的巨變。從一七六三年到一七六九年，中國的茶葉出口量與過往的七年間相比，增加百分之七十。

茶葉出口量增加的原因，英國的茶葉市場擴大明顯是最主要的關鍵因素。但是英屬東印度公司的進口量只上升了百分之二十三，相較之下，歐洲大陸的茶葉進口量卻增加了百分之五十一。

奧地利王位繼承戰爭（一七四〇年～一七四八年）與七年戰爭時，歐洲大陸各國沒有向英國出口茶葉的餘力。但在戰爭結束後，歐洲大陸的茶葉進口量便急速上升，歐洲大陸各國從一七六三年到一七六九年進口的茶葉，每年平均一千零三十萬磅，之後的十五年更高達一千三百四十萬磅，不到十年，中國與歐洲的貿易量便上升將近二倍。

一七八四年的減稅法大幅降低走私的誘因，在一七八三年、一七八四年到一七九二年、一七九三年，來自廣州的茶葉總出口量為二億八千五百萬磅，與先前的十年相比，增加了一億磅以上，其中由英格蘭商人運送的比例為百分之五十八點三五，由他國商人運送的比例則為百分之四十一點六五；一七九〇年到一七九九年，英國商人的比例是百分之七十七，他國商人的比例是百分之二十三。如此一來，我們就可以明白，從廣州出口到英國的茶葉量增加，而且並非透過走私管道。

但是，在減稅法施行之前，將茶葉走私到英國的主要國家還是法國以及瑞典。由法國進口高級茶，由瑞典進口的則是低級茶，由於這兩個國家，讓英國成為全世界最大的茶葉消費國。

英國由西印度群島進口砂糖，由亞洲進口茶葉，這也代表著大英帝國的影響範圍逐漸擴大。重要的是，與砂糖不同，茶葉輸入的管道不僅只是透過英國船隻從東印度或中國進口，如果沒有走私的茶葉，喝茶大概也不會成為英國的全民運動。

假使我們只看英國人的研究，大概會認為茶葉都由英國船隻進口，但是，如果參考其他國家的研究，便能理解英國也透過其他國家的國際貿易商人取得商品（合法非法依情況而定，也可能運用走私管道），這也讓我們明白，英國絕非只憑藉英國人的力量而成為紅茶國度。

5 工業革命時期的經濟成長率真相

「工業革命改變英國的風貌，田園不再，取而代之的是工廠林立的景象」，這是長久以來人們對英國工業革命的印象，然而工業革命所帶來的改變，並非發生在一夕之間。一九六二年狄安（P. Deane）與柯爾（W. A. Cole）發表推估英國經濟成長的研究論文，認為工業革命時的英國經濟成長率比想像中來得低。換言之，工業革命時英國經濟成長率的推估值應該往下調整。

由於殘存的資料不多，我們無法得知當時精確的經濟成長率，但只要將資料稍微加工處理，就會讓成長率的數值出現極大變化。有一點可以確定，那就是英國的經濟成長率，在工業革命時期的一七六〇年到一八三〇年左右，絕對稱不上高。

比方說，根據英國國民所得的分析資料，英國國民所得的上升率（年率），從一七〇〇年到一七六〇年為百分之零點三；從一七六〇年到一八〇〇年為百分之零點一七；從一八〇〇年到一八五〇年為百分之零點五二；從一八三〇年到一八七〇年則為百分之一點九八。依據葛瑞里．克拉克的計算，如果以一七六〇年到一八〇〇年的年平均計算每人平均的成長率，實質為零。如此一來，我們不由得要問，為什麼工業革命期間的英國，經濟成長率反而比較低呢？

經濟成長率偏低與排擠效應的關聯

美國的計量經濟史學家傑佛瑞．威廉森（Jeffrey Williamson）對工業革命期間英國經濟成長率的高低提出疑問，並於一九八四年發表著名論文《工業革命期間的英國為何經濟成長遲緩》。

根據他的計算，從一七七〇年到一八一五年間，如以個人計算，英國的經濟成長率年平均只有百分之零點三三；另一方面，一八一五年到一八四六年間則為百分之零點八六，威廉森主張，英國在一八二〇年左右為轉換的時期。

在這個研究中，威廉森提出「工業革命期間的英國為何經濟成長率低」的問題，他的結論是由於英國正處於戰爭狀態，沒有可以用於工業化的資源，也就是說，由於戰爭亟需費用，導致排擠效應的產生。

在這裡我先向各位讀者說明排擠效應的意義。政府為了大量發行國債，提高市場利率，抑制民間的資本需要。很明顯地，工業革命期間，英國的經濟成長率比我們過往所想像的要低，在此同時，英國政府的規模也逐漸擴大。根據威廉森的見解，由於戰爭導致政府大量發行國債，提高市場利率，抑制私部門的活動，導致經濟成長率降低。不過，當今的日本也大量發行國債，但由於市場利率低，因此並不會發生排擠效應。由此可見，威廉森的論點仍有難以說服人的地方。

狄安與柯爾推估英國的經濟成長，時間是由一六八八年開始，原因在於先前的時代缺乏可信度高的資料。假設十七世紀的經濟成長趨近於零，而十八世紀的年平均為百分之零點三，應該也可以說是革命性的變化。但是要推估十七世紀的經濟成長率，本身就非常困難，就算是距離現在更近的年代，經濟史學家也必須倚賴殘存的資料推估整體的經濟成長率，加上推估的前提是英國已有國民經濟，但「英國已有國民經濟」的前提，本身也不怎麼值得信賴，更降低了推估結果的可信度。

工業革命時期的排擠效應

英國為了與法國的戰爭大量借款，但只要看看現在日本的情況就可以了解，債務和利率高低沒有必然關係。而且各位也不要忘記，就算利率高，也不代表投資額就會降低，如果企業可以期待利益率將高於利率，他們還是會選擇投資。

而且，工業革命所需要的資金，其實可以跟家人、友人或鄰人借得，不一定非得要從巨大的資本市場借貸，因此從今日的角度看來，當時工業革命所需的資金其實不多。排擠效應理論適合用在封閉經濟，但現實狀況並非封閉經濟，而是國際資本流通的社會，威廉森並不明白這一點。

況且，在其他國家的投資者眼中，戰爭時期英國正是最安全的投資對象。英國作為島國不容易被捲入戰火，因此當時以荷蘭為首的各國，開始集中對英國投資，使英國湧入了許多來自海外的投資。

從債務國到債權國

根據最近的研究，英國在十八世紀時是資本的輸入國，但在十九世紀時變為資本的輸出國。十七世紀時，英國的商品有許多透過荷蘭船隻運送，雖然有航海法的限制，但當時的英國還無法完全排除荷蘭的船隻。

但是到了十八世紀，英國船隻的比率卻大幅上升，因為在十八世紀時，英國的經常帳戶呈現赤字，為了填補赤字需要大量流入資本。然而，英國雖然在十八世紀時是債務國，但到了十九世紀卻成為債權國。

讓我們來看看外國的投資額！一七九一年時，英格蘭銀行股票的六分之一由荷蘭人持有，荷蘭人大量投資英國公債，於一七三七年買入一千萬英鎊（總負債額的百分之二十五），於一七七四年買入四百六十六萬英鎊（同樣為總負債額的百分之二十五）。更重要的是，從一七九〇年到一八一五年，英國由債務國轉變為債權國，毋須再向國外借款，本國的稅金就足以供應戰爭所需。

工業革命起源於走私網絡

從法國大革命到拿破崙戰爭，英國不僅需要戰爭費用，也面臨工業發展所需資金不足的窘境。為了因應戰爭需求，於一七九九年甚至必須導入所得稅制度，當時的英國財政狀況就是如此吃緊。法國在拿破崙時代曾經試圖運用大陸封鎖令（一八〇六年）封鎖英國經濟，但卻以失敗告終。英國的製造部門從出口消費財為重點的輕工業，轉為生產軍需品的重工業，因而促進英國的工業化。

英國國內的外國資本由於大陸封鎖令而被留在國內，這些資金被投資運用在鋼鐵業、建設運河、改善港灣，以及建設收費公路等，以荷蘭人為首的歐洲大陸各國人民也從阿姆斯特丹提出資金，用來投資英國國債。

由於英國導入所得稅，導致富裕階層的稅賦上升，因而減低對借款的依賴，毋須借款也能因應戰爭，而向來投資海外的英國資金也留在國內，被用來投資基礎建設，促進經濟發展。也就是說，法國大革命和拿破崙戰爭等戰爭非但沒有讓英國發生排擠效應，反而更促進英國的經濟成長。

發生戰事時，交戰國的船舶無法從事交易，此時活躍的應該是如瑞典般的中立國船隻。但是，受到大陸封鎖令的影響，其中大概以非法貿易（走私）居多。英國沒有發生排擠效應，而且即使經濟成長率低，仍能引發工業革命，我們可以推斷，國際貿易商人跨越國境的非法貿易（走私）網絡，也是英國工業革命的幕後推手。

6 十九世紀蒸汽船發達的影響

帆船與蒸汽船

蒸汽船的速度一定比帆船更快——大部分讀者應該都這麼認為，然而事實不盡然如此，如果比較速度，有些狀況下其實是帆船較快。那麼，帆船和蒸汽船到底有什麼不同呢？

帆船和蒸汽船的差異，在於航海的穩定性與大型化。一旦沒有風，帆船就無法行進，航行所需時間被天候嚴重左右，相較之下，蒸汽船受天候影響程度比帆船輕微得多。

此外，帆船的大小有極限，但蒸汽船的體積上限比帆船大得多，單次航程所運送的貨物和人員也比帆船要來得多。十九世紀的世界，海上運送的交通工具從帆船轉變為蒸汽船。這樣的改變對世界帶來什麼影響，而英國又在其中扮演什麼角色呢？在這個章節，我想用資訊傳遞速度的觀點向各位說明。（詳細資料請參照拉塋（Laakso, Seija Riitta）的著作《*Across the Oceans. Development of Overseas Business Information. Transmission*, 1815-1875》）

連續資訊的循環

縱使到了現代，也不時會發生電車誤點，或是無法搭上預定班機的狀況。如今人們口中的例外，在過往卻是常態，直到十九世紀蒸汽船登場前，誤點是常有的事，抵達港口的時間比預計的晚，或是原本預定要搭載貨物的船隻竟然已經出港，這些在當時都是司空見慣的景象。

根據拉塋的研究，英國的海上保險公司倫敦勞埃德保險社（Lloyd's）所留下的資料「勞埃德表單」告訴我們定期航行的發展過程，以及資訊傳遞速度的改變。拉塋所運用的概念是「連續資訊的循環」，呈現地點和地點之間資訊往返所需的天數，當天數大幅縮短，便可看出取得資訊所需耗費的時間也隨之縮短。

比方說，以一八一七年來往於英國法爾茅斯和紐約之間的郵政帆船十二次航程的天數為例，最長為一百二十二天，最短是一百零七天，也就是說資訊循環的必要天數在一八一七年為一百零七天到一百二十二天。相較於此，從其他資料我們可以發現，相隔不到十年，往返大西洋所需的必要天數減少許多。蒸汽船的出現，便與此一數值的變化息息相關。

一八三九年英格蘭與紐約間的平均航行日數為四十二點九天，時間變得更短，而一八四五年利物浦到紐約的平均航行日數則為三十九天。一八五〇年到一八五七年，卡納德（Cunard Line）與柯林斯（Collins Line）兩家海運公司從利物浦到紐約的往來航程，甚至低於三十天。

接著，讓我們看看西印度和南美的狀況，在這邊我們要注意的是一年當中的資訊循環次數（一年當中能夠來回幾次）。從利物浦到德梅拉拉（蓋亞那）間的資訊循環，一八四〇年為三點五次；一八五二年為六次；一八六二年為八次，次數大幅增加，原因有一部分與船舶的速度加快有關，但也歸功於減少在各個島嶼間的往來航程，讓在港口運送信件的船隻行程安排更加順暢，世界的距離因蒸汽船的發展大幅縮短。

資訊傳遞的變化

如上所述，從帆船轉為蒸汽船，讓航海日數大幅縮短，但就整體來看，這是在什麼時候發生的事呢？

表④整理了一八二〇年代到一八七〇年代由巴西（里約熱內盧）到英國（法爾茅斯／南安普敦）間資訊傳遞日數的變化。令人驚訝的是，航行時間大幅縮短發生於一八五〇年代，航海日數縮短了十天，但這還是帆船的航行時間。

更大的變化發生在一八五一年，這也是蒸汽船取代帆船最重要的理由。從里約熱內盧到法爾茅斯，郵政帆船需要花上五十二天，但蒸汽船不到三十天就能抵達。如果只計算日數，一八七五年鋪設海底電纜又帶來了更劇烈的改變，由於電報的誕生，資訊傳達天數縮短到一天。

新科技的發展大幅改善了資訊的傳遞速度，雖然從以上資料還看不出全世界的發展走向，但從帆船到蒸汽船，以及電報等通信方式的改變和發展等，各位想必可以看出資訊傳遞速度持續加快的趨勢。

表4 巴西（里約熱內盧）到英國（法爾茅斯及南安普敦）之間運用帆船、蒸汽船和電報的資訊傳遞日數變化

年	資訊傳遞的手段	資訊傳遞的日數（年平均）
1820	法爾茅斯郵政帆船	62.2日
1850	法爾茅斯郵政帆船	51.9日
1851	皇家郵政蒸汽船	29.7日
1859	皇家郵政蒸汽船	25.2日
1872	皇家郵政蒸汽船	22.0日
1872	從英國到里斯本的電報以及到里約熱內盧的蒸汽船	～18日
1875	電報	～1日

出處：Laakso, Seija-Riitta,《Across the Oceans. Development of Overseas Business Information. Transmission, 1815-1875》
※「～」為推測。

美國橫貫鐵路的影響

一八六九年完成的美國橫貫鐵路，也被稱為美國國民經濟誕生的起因。雖然單憑鐵路無法發展國民經濟，但橫貫鐵路確實大幅縮短美國東部與西部的交通時間。

一八四〇年代，從紐約到舊金山最快的移動方式如地圖⑩所示，搭乘帆船行經合恩角，繞著南美大陸北上，就算是當時最高速的快速帆船，走這條路線也要花上至少三個月的時間。

讓路程縮短的關鍵在於巴拿馬地峽路線，藉由設置鐵道，便能用火車搭載貨物。以一八五八年的例子來說，從紐約經由巴拿馬地峽到舊金山，送信只要四十六天，接著由於橫貫鐵路興建完成，紐約到舊金山的移動天數縮短至一週。

運用蒸汽船讓世界一體化的英國

地圖⑪顯示了英國船舶公司 P&O 的郵政船到澳洲的路線，P&O 的活動範圍甚至到中國，而這條路線不只用於郵政往來，也運送乘客和商品。

地圖⑩　19世紀中葉從紐約到舊金山的郵政路線發展

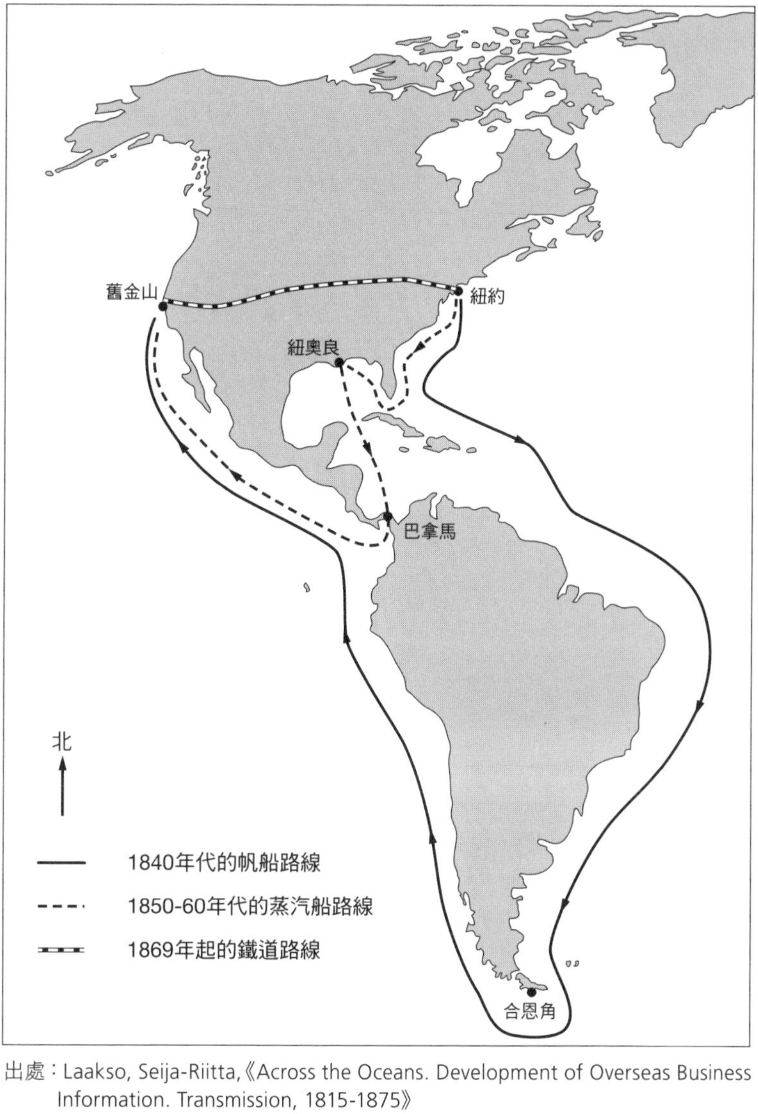

出處：Laakso, Seija-Riitta,《Across the Oceans. Development of Overseas Business Information. Transmission, 1815-1875》

地圖⑪　19世紀中葉往澳大利亞的郵政路線

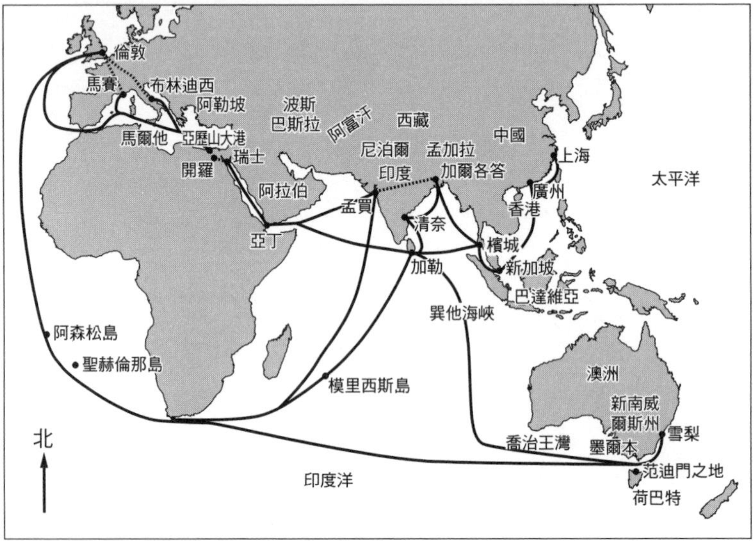

出處：Laakso, Seija-Riitta,《Across the Oceans. Development of Overseas Business Information. Transmission, 1815-1875》

一般來說，亞洲以東南亞為中心，多半使用中國帆船，活動網絡規模相當大。但我們要記得英國的蒸汽船同時也在中國活動，不僅如此，還經由斯里蘭卡的加勒遠赴澳洲，蒸汽船的活動範圍也包括澳洲的定期航線。

英國蒸汽船的定期航線，連結了世界上的諸多地區，由此我們可以發現，不僅是電報，蒸汽船也是英國將世界一體化的工具。

第4章

從近代世界到未來的發展

驅動歷史前進的力量

1 從世界史看鴉片戰爭

前進亞洲的先驅——葡萄牙

一四九八年，瓦斯科．達伽馬（Vasco da Gama）終於抵達印度的卡利卡特（又稱科澤科德），葡萄牙用武力迅速鎮壓印度，讓商人得以往印度發展，如果站在歐洲國家的角度來看，這是歐洲征服亞洲的過程之一。

葡萄牙國王曼紐一世（King Manuel I，在位期間一四九五年～一五二一年）從一四九七年到一五〇六年，總共派遣八次印度遠征隊。一五〇三年阿方索．德．阿爾布克爾克（Afonso de Albuquerque）所率領的十一隻艦隊前往被卡利卡特軍佔領的柯枝，幫助柯枝國王穩定政權，擊敗卡利卡特軍。

一五〇九年，阿爾布克爾克於第烏海戰擊敗伊斯蘭的馬穆魯克王朝艦隊，葡萄牙取得阿拉伯海的支配權，第烏成為穆斯林商人在印度西岸僅剩的重要據點。接著阿爾布克爾克也在一五一〇年佔領果阿，建設固若金湯的要塞，果阿成為葡萄牙在印度的據點。

阿爾布克爾克更進一步揮軍東南亞，一五一一年消滅麻六甲王國；一五一二年抵達位於麻六甲諸島的特爾納特島；他也向摩鹿加群島派出探險艦隊，抵達班達群島，一五一五年成功征服荷姆茲島。

雖然阿爾布克爾克於一五一五年病逝，但葡萄牙仍然勢不可擋，其後便在一五二六年佔領卡利卡特；一五三七年取得第烏；一五四三年航向種子島；一五七一年在長崎設立商館。即便荷蘭在這之後成立東印度公司，以印尼為據點，擴展亞洲貿易圈，但是葡萄牙在亞洲仍然擁有以上所述的強力網絡。

以棉為武器——大英帝國進軍海外

由於英國於十八世紀後半發生工業革命，導致歐洲與亞洲經濟力量逆轉，歐洲居於優勢地位，也是拜工業革命之賜，歐洲的經濟發展超越了亞洲。

工業革命讓亞洲對歐洲的貿易呈現赤字，英國的工業製品，也就是棉製品銷售到亞洲，逆轉歐洲長年對亞洲貿易逆差的不利處境。在這裡我們必須注意到一個重要的關鍵，大西洋貿易主要的商品是砂糖，然而與支配世界緊密相連的卻是棉製品，英國也是藉由大西洋貿易生產棉製品，獲得引發工業革命的力量。

況且，從北美大陸經過英國，進一步抵達亞洲的過程中，這些棉製品幾乎都由英國人所運送，如果由其他國家的船隻運送需要支付運費，但由英國船隻運送就能確保豐厚的獲利。雖然上述事實相當重要，但是在歷史相關的討論中卻往往不被重視。

從英國本國到大英帝國內所生產的產品，皆由英國本國的船隻所運送，海上保險也交由英國的勞埃德保險社負責，因而讓鉅額利益流入英國。英國在此所建立的運作機制，使他國難以望其項背。

英屬東印度公司的轉變

隨著英國情勢的轉變，英屬東印度公司的經營方針也有所變化。英屬東印度公司曾經擁有強大的軍事力量和政治力量，然而其力量逐漸減弱，一八一三年英屬東印度公司與印度的獨佔貿易遭到廢止，一八三三年與中國的獨佔貿易權也被停止。

因此，英屬東印度公司從「事業帝國」的角色，轉變為協助英國統治各個地區，該公司於一七六〇年代起成為大英帝國經濟的中心，一七六五年起致力於讓印度的財富流向英國。從這時開始，大英帝國開始整合大西洋經濟與亞洲經濟。

先前也介紹過，葡萄牙海洋帝國聯繫大西洋與亞洲，但是大英帝國的規模比這還要大得多，可說是世界史上最強大的帝國。

英國與印度的關係

英國在所征服的地區強行形成國家，代表性的例子就是印度。

印度在被英國支配之前，屬於蒙兀兒帝國的領土，但當時蒙兀兒帝國的領土範圍僅到印度次大陸的中央。英國在十八世紀後半的邁索爾戰爭取得南印的支配權，從一七七五年到十九世紀初的馬拉塔戰爭，讓英國取得德干高原中西部的支配權，接著在一八四九年的錫克戰爭中，英國又取得印度西北部到巴基斯坦東北部地區的支配權。由此可知，正是英國讓名為印度的巨大國家成形，而下一個被納入英國掌控範圍的對象，就是中國。

探討真實的鴉片貿易

英國以出口白銀交換從中國進口的大量茶葉，但在十八世紀末期，英國讓印度製造鴉片，並且將本國的棉製品出口至印度，買入鴉片，再將印度產的鴉片送至中國作為茶葉的代價，開始三角貿易。在一八三〇年代，貿易收支逆轉，英國出口超過中國進口，此時的中國所付出的代價不僅茶葉，連白銀也由中國流向英國。

但是，這樣的敘述正確嗎？說起來，中國原本就沒有可信度高的貿易統計資料，況且鴉片是走私品，實際上究竟進口多少也無人知曉。換句話說，英國與中國的貿易收支狀態，其實仍然是處於迷霧當中。除此之外，這樣的見解也存在著不合理的地方。

迄今的相關研究以兩國之間的貿易為前提，但是貿易收支狀態並非兩個國家就能夠決定，除非當時中國（清朝）與世界各國貿易都呈現赤字，否則這樣的見解並不具充分的說服力。為了便於討論，讓我們假設中國除了英國之外的貿易對象只有A國，而且雙方付出的代價只有白銀，而中國對英國的貿易赤字以及對A國的貿易黑字相同，在這種狀況下，由A國送到中國的白銀又流向英國，對中國不會造成任何困擾。

過往的學說認為白銀由英國流向中國，但因鴉片交易而逆轉，這種說法根本就是謬誤，貿易本來就是多角貿易，白銀流出的狀況仰賴中國和各國之間的貿易關係而定，不能單憑中國與英國間的關係就妄下結論。我覺得很難以置信，明明「白銀流出的狀況仰賴中國和各國之間的貿易關係」是理所當然的道理，卻很少人從這個角度思考問題。

另一個問題是無視運輸成本，我認為相關討論可說是將運送成本假設為零。雖然我們無法確切得悉當時英國與中國間的貿易運送成本，但在三角貿易確實是採用英國船隻，不僅是貿易額，運送量及服務費也算在國際收支中，我們也可以想像，比起用中國船隻運送，用英國船隻運送更會讓中國的赤字增加。反過來說，如果進口鴉片的是中國船，就能緩解當時中國國際貿易的赤字吧！

朝貢體系的問題點

從這裡我們也可以看出中國朝貢體系的問題點。如果中國作為全世界，或至少是亞洲最豐饒富庶的國家，無庸置疑會使鄰近諸國紛紛開著自家船隻前來朝貢，又由於中國十分富裕，對於運用中國船隻可能獲得的利益，根本不用放在眼裡。但是，倘若中國並非如此富庶的國家，那狀況又截然不同。如果中國想出口商品到歐洲，就必須支付運費。然而中國帆船逐漸失去優勢，隨著英國製的蒸汽船在十九世紀來到中國，讓中國與歐洲的貿易處於更險惡的境地。

實際上白銀的確由中國流出，然而，這裡應該討論的重點，不只是中國與英國的貿易是否處於赤字，我們也應該關注中國與其他歐洲各國間的貿易狀況。就算中國最大的貿易對象是英國，如果與其他國家之間的貿易收支也呈現赤字，就不能斷然認定中國貿易赤字的原因出在三角貿易的鴉片。我認為中國白銀外流的主因，絕非昔有的說法所主張的單純理由。話雖如此，由於英國出口棉製品而形成三角貿易，對英國和他國的貿易關係而言，出口棉製品可說是非常重要的因素。

讓我們來回顧一下長期的發展趨勢吧。過往的棉製品由印度出口到歐洲，但只有英國成功取而代之，在全世界的棉製品市場爭霸戰中，英國擊敗印度勝出。英國之所以能夠建構出與亞洲間的三角貿易，原因在於與大西洋貿易相關的棉製品生產。大西洋貿易的王者，在亞洲也同樣稱霸，因此我認為能夠自行生產棉製品，並用本國的船隻運送，正是英國主要的獲勝關鍵。

2 稱霸世界的無形武器

電報發展拉近世界的距離

電報將許多資訊在短時間內迅速傳送到別的地方，拜電報發展之賜，人們在短時間內就能取得全世界的資訊。資訊的傳遞比人們的移動速度更快，這正是電報技術最強大的地方。

從表5各位便能明白電報技術發展前後世界的變化。早期的電報技術傳遞資訊量有限，因此難以運用電報從事商業活動。英國歷史學家丹尼爾．海瑞克（Daniel R. Headrick）更稱電報為「看不見的武器」。

不過，如果聊到英國與電報的關係，不知道各位讀者有什麼看法呢？電報與英國經濟繁榮有什麼關聯，對於大英帝國又有什麼影響，想必各位讀者也十分好奇，

表5 電報技術引入前後與他國通信的發展——由各都市到倫敦的資訊傳遞所需日數

	a:1820	b:1860	c:1870	a–b	b–c
亞歷山大港	53	10	2	43	8
馬德拉	30	14	2	16	12
開普敦	77	39	4	38	35
孟買	145	26	3	119	23
加爾各答	154	39	2	115	37
香港	141	54	3	87	51
雪梨	140	53	4	87	49
瓦爾帕萊索（智利）	121	47	4	74	43
布宜諾斯艾利斯	97	41	3	56	38
里約熱內盧	76	28	3	48	25
巴貝多	46	21	4	25	17
哈瓦那	51	19	4	32	15
紐奧良	58	19	3	39	16
紐約	32	13	2	19	11

出處：Yrjö Kaukiainen, “Shrinking the World: Improvements in the Speed of Information Transmission, c.1820-1870.” *European Review of Economic History*, vol.5, 2001, p.252.

以下將為各位介紹這項無形武器的厲害之處，以及它如何促成大英帝國的繁榮。

英國所擁有的大型艦隊

電報網絡的鋪設耗費巨資，而隨著鋪設的距離越長，所需費用更是高昂到難以想像，個人或小型的商會難以負擔鋪設電纜所需的鉅款，如果要鋪設海底電纜的話，只有國家或大企業能夠負擔得起龐大的費用。鋪設電纜的需求，也是造成十九世紀後半全世界企業邁向大型化發展的原因之一。

雖然英國海底電纜的鋪設多由民間公司為之，但如果英國本身不是世界頂尖的大帝國，要鋪設電報網絡仍然十分困難。為了在國際紛爭中保衛帝國的各個區域，英國擁有大型的艦隊，而正因擁有如此強力的大型艦隊，英國才得以鋪設電報網絡。

電報的發明讓世界合而為一

一般認為美國人山謬・摩斯（Samuel Morse，一七九一年～一八七二年）是電報的發明者，但除了他之外，也有其他美國人開發過電報技術，摩斯之所以出名的理由之一，在於發明摩斯電碼。

受到摩斯的影響，電報在美國也有所發展，然而實際上在全世界拓展電報網絡的卻是英國。英國以威廉・庫克（William Fothergill Cooke，一八〇六年～一八七九年）和查爾斯・惠斯通（Charles Wheatstone，一八〇二年～一八七五年）為中心開發電報技術。

英國大西部鐵路的管理者們，於一八三九年開始營運世界最早的電報線路，以此為契機，英國的鐵道公司陸續引入電報。雖然英國的電報起源於私人企業，但一八七〇年二月，英國郵政機關接收電報事業，將國內電報事業國有化，然而海外的電纜仍由私人企業所鋪設。

一八五一年，英吉利海峽藉由海底隧道連結，接著更進一步連結英格蘭與愛爾蘭。一八五七年，荷蘭、德國、奧地利與俄羅斯的聖彼得堡之間電報線路開通，地中海則有法國和義大利政府所鋪設的線路。然後，耗費漫長的時間，縱貫大西洋的線路於一八六六年七月鋪設完成。

英國與印度間的電報連結約建立於一八六四年到一八六五年，到了一八七二年，澳洲也和英國建立起電報的聯繫，打造出英國的資訊帝國。另一方面，丹麥大北電報公司，從聖彼得堡到海參崴鋪設電報線路，一八七一年延伸至上海、長崎、廈門及香港等地。

一九〇二年，澳洲與紐西蘭間鋪設海底電纜，一九〇三年由舊金山經過檀香山，往馬尼拉的網路也鋪設完成，世界藉由電報技術結為一體。

以上就是電報發展的過程，不過話又說回來，電報和英國的經濟榮景又有什麼關聯呢？

電報撐起英國的榮景

電報改變世界，也讓倫敦居於金融市場的核心。全球金融市場與倫敦緊密相連。就讓我們從實例出發，一起思考電報帶來何等劇烈的變化吧！

在電報技術發達之前，從亞洲某都市所開的信用狀，必須花上好幾十天的工夫才能抵達倫敦，獲得付款，但如果使用電報，只要兩、三天就能在倫敦取得付款；沒有電報的時代還需要複製信用狀，但隨著電報發達，甚至不需要複製的手續。電報是十九世紀大英帝國金融市場發展不可或缺的要角，由於全世界的交易都是透過電報聯繫，國際貿易的支付也幾乎都在倫敦。

英國於十八世紀初期導入金本位制度，其後由於電報在世界各地普及，也讓許多國家採用金本位制，當時如果從事商業交易，往往需要在世界金融中心的倫敦支付交易款項，因此對於其他國家而言，採用金本位制較為有利。十九世紀的英國之所以能獨佔鰲頭，作為後盾的電報功不可沒。

「手續費資本主義」促使英國發展

電報帶給英國經濟莫大好處，接著讓我們來分析更深入的原因。由於工業革命，英國被稱為世界工廠，但在一八七〇年代，英國的工業生產額卻落後美國和德國。

不過，由於電報讓倫敦金融市場成為國際貿易支付不可或缺的一環，即使工業生產額落後，也不是什麼大不了的問題。不只大英帝國內的地區，帝國以外的地區縱使經濟成長，也需要使用英國的電報才能支付貿易款項，隨著世界經濟成長的程度越加提升，英國的電報手續費收入也增加，讓英國累積不少財富。

這時美國電話技術也很發達，雖然商業交流也會使用電話，但電話的弱點是只能傳遞聲音資訊，無法作為支付工具，這也讓電話輸電報一截。隨著世界經濟的發展，英國的電報手續費收入也不斷增加。建立商業機制，並且讓自身充分享受利益，英國大概是史上空前絕後的例子，我稱英國的生財之道為「手續費資本主義」。大英帝國透過電報結為一體，帝國之下的各個地區也獲得不少利益，當然，當大英帝國無法藉此獲益之際，也代表帝國即將面臨瓦解。

3 歐洲大戰後的轉變

第三次歐洲大戰指的是什麼？

我認為歐洲曾經發生過三次大規模的戰爭，也就是發生三次歐洲大戰，分別是三十年戰爭、法國大革命拿破崙戰爭，以及第一次世界大戰。想必各位讀者都能夠認同前兩項，但也許會懷疑為什麼「第一次世界大戰」會被我納入「歐洲大戰」的範圍？不過這一場戰爭的英文也被稱為「Great War」，換作日文也可以稱為「歐洲大戰」。一九三九年歐洲掀起大規模戰爭，最後演變為世界大戰，由於這場戰役其後被稱為第二次世界大戰，先前的Great War就被稱為第一次世界大戰。

但我們要先問一個問題，那就是兩個「世界大戰」同樣是世界性的戰爭嗎？第一次大戰的戰死者，人數約為一千六百萬人，相較之下，第二次世界大戰的戰死者人數約六千萬人到八千五百萬人，戰爭規模截然不同。第一次世界大戰的主戰場在歐洲，而第二次世界大戰，日美間的戰爭影響範圍包括亞洲及太平洋，可說是真正席捲世界的戰爭。因此以我的觀點來看，「第二次世界大戰」才是「世界大戰」。

因此以我的理解而言，歐洲大戰發生過三次，以下將藉由這三次歐洲大戰，向各位解說歐洲的轉變。

三十年戰爭——西歐的誕生

一五一七年馬丁路德（Martin Luther，一四八三年～一五四六年）發表「九十五條論題」，批判羅馬教廷，掀起宗教改革，而新教徒的勢力也日漸增強，與天主教的對立也越加深化，引發宗教戰爭。

德國農民戰爭（一五二四年～一五二五年）可說是最初的宗教戰爭，接著是施馬爾卡爾登戰爭（一五四六年～一五四七年）、法國宗教戰爭（又稱胡格諾戰爭，一五六二年～一五九八年）以及荷蘭獨立戰爭（一五六八年～一六四八年），然後是最終且規模最大的宗教戰爭，也就是三十年戰爭（一六一八年～一六四八年）。

三十年戰爭源於波希米亞的新教徒反抗天主教哈布斯堡家族的支配，以此為引爆點，將全歐洲捲入戰火，但三十年戰爭並非單純的宗教戰爭，在這當中，各國為了自身利害彼此爭鬥。

屬於天主教的法國宰相馬薩林（Jules Cardinal Mazarin），為了壓制同屬天主教的哈布斯堡家族勢力，幫助身為新教徒的瑞典國王古斯塔夫・阿道夫（Gustav II Adolf，在位期間一六一一年～一六三二年），我們可以把這時候的戰爭視為法國的波旁家族以及神聖羅馬帝國的哈布斯堡家族兩家的鬥爭，此時宗教戰爭的色彩仍十分淡薄。

隨著一六四八年簽訂西發里亞和約，三十年戰爭劃下句點。依教科書的說法，西發里亞和約奠定迄今的主權國家體制，也象徵神聖羅馬帝國的實質瓦解。而另一方面，過往沒有明確成為歐洲一員的瑞典，在此取得參與神聖羅馬帝國議會的參加權，比起神聖羅馬帝國僅存的落日餘暉，更重要的是北歐正式被歐洲各國認可。此外，波旁家族最終贏過了哈布斯堡家族，法國也成為公認的強國。

法國大革命與拿破崙戰爭——英法的對決時刻

自一六八八年的光榮革命到一八一五年的維也納條約，英國與法國間戰事頻仍，絕大多數的戰爭由英國獲勝，而法國大革命（一七八九年~一七九九年）及拿破崙戰爭（一七九九年~一八一五年）更由英國取得最終勝利，使英國成為霸權國家（但霸權僅限在歐洲內部）。

三十年戰爭確立了主權國家體制，在那之後，各個國家在政治和經濟方面都不斷地彼此較勁。當西發里亞和約簽署之際，歐洲的霸權是荷蘭，但是隨著荷蘭的經濟力量開始衰退，英國和法國彼此爭鬥，力拚霸權國家的寶座。從法國大革命到拿破崙戰爭，正是英法兩國的最終決戰。

常有人認為法國大革命源於人民對重稅的憤慨，然而，如果比較個人所負擔的稅賦，英國高於法國。正如本書前面所提的觀點，比起稅賦，無法償還債務才是法國更嚴重的問題。

英國和法國都向新世界邁進，提升與新世界的貿易量。隨時間點不同，也曾有法國的貿易量成長較為快速的時期，但在法國大革命時貿易量成長陷入停滯，如果沒有法國大革命，法國經濟發展的幅度應該更大。但是，如果從貿易結構的角度出發，法國的發展模式本身有所侷限也是事實。

進口到法國的砂糖多半來自現今的海地（法屬聖多明哥），比英國更便宜，國際競爭力也更高，但在同時，比起法國國內的消費量，這些砂糖多半還是出口到國外。另一方面，英國的砂糖多半來自西印度群島的該國殖民地（中心為喬治亞），在國內消費砂糖。近代的歐洲國家，在歐洲以外的地方擁有殖民地，導致歐洲國家的帝國化，以英國來說，從砂糖的例子便可看出殖民地與母國經濟的緊密關聯，英國在近代已經建立起本國和殖民地的強力連結，這也是英國的優勢之一。

讓我們重新把話題轉回法國大革命與拿破崙戰爭。由於阿姆斯特丹被法國革命軍所佔領，導致原有的商業機能大幅降低，而漢堡也因拿破崙軍隊入侵，導致貿易量明顯下降。在戰亂的時代下，島國英國其實是最安全的投資對象，如同本書先前提到的，雖然不知明確的數額，但英國的鋼鐵業有許多資金來自歐洲大陸的投資。

在法國大革命及拿破崙戰爭期間，支持歐洲經濟的大概就是走私貿易網絡，商人瞞過國家的耳目偷偷從事走私，就算戰事正酣，商業活動也不會因而停滯。

拿破崙戰爭因一八一五年的維也納會議最後議定書而終結，這份議定書雖然確立勢力均衡與正統主義的原則，但長期成效不彰。我認為，這份議定書的重點在於承認瑞士作為永久中立國，永久中立的前提便是該地區長期處於戰亂之下。以我的觀點來看，歐洲在維也納會議最後議定書中，向世界強行宣示以戰爭為前提的體制。從一八一五年的維也納會議最後議定書到一九一四年第一次世界大戰爆發，歐洲陸續將亞洲及非洲的國家劃為其殖民地，這一世紀可說是「歐洲的世紀」。

第一次世界大戰——「歐洲的世紀」劃下句點

如同大家所知，第一次世界大戰起於奧匈帝國王儲夫婦於薩拉耶佛遭塞爾維亞人暗殺，當初世人原本以為這場戰爭會在短時間內劃下句點，誰也想不到竟然會長達四年。如果沒有這場戰爭，「歐洲的世紀」或許還會持續更久，這場戰爭的規模比人們想像中還大，不只是成為主戰場的歐洲，連殖民地都被捲入。正因如此，戰後的歐洲必須面臨殖民地的獨立運動。

戰爭規模急速擴大，大戰開始之際，陸軍以騎兵和步兵為主。很快地，毒氣瓦斯、戰車、飛機、機關槍也出現在戰場上，不只是規模，作戰的方式也和以往截然不同，戰爭規模既是過往的戰爭所難以比擬，財政負擔也增加。開戰之初誰也沒料到會發展到如此地步，歐洲各國建立起總體戰體制，當時最重要的就是生產軍需品。

一九一七年俄羅斯爆發革命，世界第一個社會主義政權誕生。在俄羅斯爆發革命前，美國參戰並且站在協約國一方，戰局因而產生巨變，原本美國秉持門羅主義，不涉入歐洲的政治事務，但此時美國的政策轉變，對於美國來說，縱使參戰也不會讓本國成為戰場，他們參戰的目的或許是提升戰後的國際地位。

一九一八年，美國總統威爾遜發表十四點和平原則，一九一九年召開巴黎和會，六月二十八日締結凡爾賽條約，要求德國支付龐大的賠償金，而這筆鉅額的賠償金也成為第二次世界大戰的導火線。

第一次世界大戰終結了「歐洲的世紀」，讓美國躍上世界舞台，成為全球最富裕的國家，由債務國變成債權國，無須讓本國化為戰場就能享受巨大的利益。雖然全球社會逐步邁向「美國的世紀」，但倫敦金融市場的力量仍然十分驚人，足以和美國金融市場相抗衡，但如此強大的倫敦，也在第二次世界大戰之後走向衰退。

奧地利作家史蒂芬・茨威格（Stefan Zweig）所著《昨日的世界》，描寫的正是歐洲最輝煌的時代，讓歐洲失去優勢的原因並非第二次世界大戰，而是第一次世界大戰。日本人心目中所憧憬的輝煌歐洲，因第一次世界大戰變得黯淡無光。

電影《鐵達尼號》中描寫歐洲的沒落。真實的鐵達尼號於一九一二年沉沒，不過在電影中與男主角相戀的女性，是英國沒落貴族之女，為提升社會地位被迫與美國人成親，而此處所描寫的正是英國的沒落及美國的崛起。從現實的觀點來看，這部電影也描寫戰爭期間英國與美國的關係。

4 美國霸權的興起和轉變

「第三霸權國家」的特徵

據華勒斯坦所著之《近代世界體系》，美國是繼荷蘭和英國後第三個霸權國家。雖然《近代世界體系》一書的主軸包括探討美國霸權，但華勒斯坦撰寫該書時，還未能看到二十世紀的全貌，因此本書並未仔細描繪美國霸權的樣貌。在這個章節，我將針對美國霸權的特徵提出個人觀點。

美國與歐洲各國不同，擁有得天獨厚的條件，只要仰賴豐富的國內資源，便能順利讓自身經濟起飛。美國企業規模遠比歐洲更加巨大，跨國企業紛紛往海外發展，對於已經擁有廣大國內市場的美國企業來說，很容易就能轉型為跨國企業。

提到美國建國初期的發展，多數人偏向強調美國開拓西部的歷程，但實際上美國在海運業的發展也不容忽視。美國所擁有的豐富資源，如木材、亞麻、麻、燃油等都是海運的資材。

美國在一七八三年的巴黎條約後正式獨立，在此之前都在英國保護下的美國，也被捲入世界的浪潮。然而美國十分幸運，一七八九年法國大革命爆發，加上十九世紀初期的拿破崙戰爭，美國利用中立地位，繼英國成為世界第二的海運國家。美國不僅開拓陸上地區，也往海上邁進，向全世界送出船隊，而像這樣派出船隊的行為，也可說是現今美國向世界各地派出艦隊的開端。

一八六一年爆發南北戰爭，美國的蓄奴州與自由州彼此對立，這時美國已是世界上具代表性的海運國家，無論是蓄奴州或自由州，皆會運送由西班牙殖民地古巴的黑人奴隸所生產的砂糖。也就是說，美國的自由州雖然在國內不使用奴隸，卻不代表在國外不會運送奴隸所生產的商品。

美國與美洲大陸以外的地區相距甚遠，因此美國對其他地方展開攻擊的機率，相對的要比受到攻擊的機率高，兩次世界大戰都充分呈現美國的有利之處。而當第二次世界大戰結束後，美國便成為擁有壓倒性優勢的經濟大國。

不過，美國與英國不同，美國沒有多少殖民地。由於領土幅員廣闊，資源就在國內，沒有必要為了資源特地進軍海外取得殖民地，因此美國邁向海外的目的並非獲取殖民地，而是為了軍事和經濟，透過加深與他國間的軍事關係讓本國獲益，這是美國和英國大相逕庭之處。

美國一方面成為大型企業的搖籃，但另一方面，一般民眾的生活卻十分貧困。一八六五年黑人奴隸雖被解放，但他們卻身無分文，除了流浪或成為佃農在南部的種植園工作外，別無其他選擇，被解放的黑奴仍舊無法擺脫貧窮，因此貧富差距明顯也是美國經濟的特徵之一。

利用國際組織「看得見的手」而繁榮

如果說英國是利用「國家看得見的手」鞏固霸權，美國就是巧妙運用國際組織「看得見的手」成為霸權國家，而這個國際機構就是一九四四年布列敦森林體系所建立的核心機構，我們可以把美國霸權與布列敦森林體系視為一體。

這裡所指的核心機構便是國際貨幣基金組織（ＩＭＦ）和世界銀行，隨著國際貨幣基金組織與世界銀行的成立，確立以美元為中心的固定匯率制度，採用一盎司等於三十五美元的金本位制。美國之所以能夠讓此一制度實行，在於該國的經濟力量遠超過其他國家，在一九四六年時，美國佔世界GDP的比例就高達了一半。

為了參加國際貨幣基金組織，各國必須繳交一定的金額，其中繳交最多金額的便是美國。而另一方面，世界銀行雖然是聯合國系統國際金融機構的獨立機關，但如果不是國際貨幣基金組織的成員國，就無法加入世界銀行。換句話說，必須要有一定的經濟實力才能加入國際貨幣基金組織，而世界銀行的總裁也是由美國人所擔任。

布列敦森林體系象徵美國的霸權，再加上強勢跨國企業所具有的支配力，成就了美國在國際上的霸主地位。然而，維持此一體系免不了耗費鉅資，與英國不同，美國沒有形成廣大的殖民帝國，但美國透過向全世界派遣軍隊，維持美國的政治體制與經濟體制，美國現在依然擔任世界警察的角色。

「看不見的帝國」走向崩壞

固定匯率制度之所以能夠維持，仰賴美國經濟壓倒性的強勢，一旦美國經濟力量衰退，該體制也將隨之瓦解。

讓我們來比較一九五〇年到一九七三年世界各國的經濟成長率。法國是百分之四點零、德國是百分之四點九、義大利是百分之五點零、英國是百分之二點五、日本則是百分之八點零。相較之下，美國的經濟成長率每年只有百分之二點二，在全世界的主要國家當中，美國的經濟成長率居末，由於美國經濟力量下滑，導致黃金外流。

固定匯率制度崩解的一天來得很突然。美國時間的一九七一年八月十五日，美國總統尼克森表示暫時停止美元與黃金的固定兌換比率，此一震驚世界的事件被稱為「尼克森衝擊」。當時能交換黃金的貨幣只有美金，然而由於美國的黃金儲備減少，無法因應以美金交換黃金的制度，此一現象呈現了美國經濟的弱化，也象徵貨幣制度的巨大變革，於戰後形成的國際貨幣基金組織體制步向終結。

更精確地說，一九七一年的尼克森衝擊並未立刻結束固定匯率制度。同年十二月簽訂的史密森協定，以美金貶值的形式持續固定匯率制度，然而此一制度並不長久，一九七三年固定匯率制度被廢除，徹底走向浮動匯率制度。廢除了固定匯率制度，再加上脫離金本位制，美國跨國企業的力量也開始衰退。

想必各位也都知道，世界最大的石油產出地區是中東。二次大戰後擁有中東石油價格決定權的公司，正是以美國為中心的石油超級巨頭，但是這些公司也必須面對失去價格決定權的時刻。

石油輸出國組織（OPEC）成員國中位於波斯灣的六個國家，利用一九七三年十月六日第四次中東戰爭爆發的機會，將原油價格由一桶（約一百六十公升）約三美元調升到十二美元，被稱為第一次石油衝擊。美國失去石油價格決定權，也意味著美國跨國企業的敗北，以及美國霸權的衰退。

力求復甦但功敗垂成的美國

美國透過國際機構及跨國企業建立霸權，將世界經濟的運作導往對美國有利的方向，並向各地派出軍隊，以軍事資訊為中心獲得許多情報。由於此一機制的衰退，美國另外布建新的資訊傳遞系統，也就是電腦網路。

各位想必聽說過，如今普羅大眾都可以使用的網路，是起源自軍事用的網路。網路由軍事走向民間，源於一九九一年舊蘇聯社會主義崩壞，美國也沒有必要再將網路技術限縮於軍事用途。

由於美國經濟力量衰退，因此迫切需要開發並販售新技術，網路正是合適的素材，美國或許也因此考慮將網路技術用於商業用途。美國藉由網路技術，所期待的或許不只是恢復經濟榮景，也希望能再度躍居霸權國家吧，不過現實中其他國家很快也開始運用網路技術，使得美國難以居於獨佔地位。

5 世界變動的趨勢——近代世界體系的結束與新體系的誕生

迎向終點的近代世界體系

經濟學有一個用語叫做「幽靈面積」（ghost acreage），就是如果存在尚未開拓的土地，經濟就有成長的可能性。

但是在現代社會中，幾乎沒有尚未開拓的土地。如果運用第二章中所提到的近代世界體系思考方式，我們可以發現歐洲所建立的經濟體系擴大為近代世界體系，甚至將全世界都納入範圍內。換言之，不斷尋求新市場的近代世界體系發展，終於到了極限。

近代世界體系不斷尋找新市場，探求新的獲利來源，人們也體驗到了經濟持續成長的歷程。但經濟成長需要幽靈面積，而這些幽靈面積已所剩無幾——這種說法還不夠精確，正確來說，幽靈面積已從世上絕跡。

經濟得以持續成長為人口增加的前提要件，使近代世界的人口不斷增加，形成美麗的人口金字塔。人們曾經誤以為美麗的人口金字塔是不變的真理，然而先進國家正逐漸走向高齡化，而經濟能夠持續成長的前提要件也早已不復存在。我認為，這也意味著「近代世界體系的終結」。

貧富差距擴大——從近代世界體系看現代經濟

一旦全球邁向一體化，企業便會找尋生產成本低的地方建設工廠。薪資對企業而言是很大的負擔，對於企業來說，會盡可能找尋薪資低廉的地方，因此企業紛紛在中國、東南亞及印度等地建設工廠，追求低廉的人力。

全球化持續發展的結果，導致企業利用剝削薪資的方式從事競爭。現今的世界幾乎沒有讓企業提高薪資的誘因，如今的經營方式只讓少數領導階層獲得高薪，無法提升一般勞動者的薪資。

華勒斯坦形容近代世界體系的特徵為「永無止境的追求利益」，然而經濟能持續成長的時代已劃下句點，近代世界體系也到了下台一鞠躬的時刻。可悲的是，現代社會的人們並未看清世上已沒有「幽靈面積」，直到現在仍然持續追求利益，貪得無厭。

現在有些人將公司稱為股東的所有物，但是股東並不會考量在公司中工作的人們是否幸福，因此我認為這樣的主張相當的不負責任，而股東資本主義的提倡者毫不關心員工待遇。

股東追求短期利益，不會用心培育員工，需要人才的時候只想著從別的地方挖角，而經營者承受股東帶來的壓力，就算冒著風險也要在短期間內提升獲利，然而對這些股東而言，就算公司面臨危機，只要賣掉股份就能得到好處，他們並不介意後續買下這個賠錢公司的股東會有什麼下場，以及在該公司工作的員工會蒙受何種損害，這就是現今商場的殘酷生態。

「永無止境的追求利益」化為現實，社會上存在許多血淋淋的例子，一味追求利益的想法充斥在世界上各個角落。不過如果全部的企業都是這副德性，想必世界上也沒有堪用的工業產品了，像這種短視近利的想法，絕對無法培育出足以生產工業製品的人才。

近代世界體系將世界逼入絕境，不只是工業產品，也可能導致人才夭折。而我認為，這正是現代社會的特徵。

目標是薪資——失去「幽靈面積」的世界

如同托瑪·皮凱提（Thomas Piketty）所著之《二十一世紀資本論》所述，許多國家貧富差距逐漸擴大，以下我將用近代世界體系的思考方式來說明其中的原因。現在這個時代，很遺憾地我們已經找不到「幽靈面積」。不過讓我們換個角度來看，原本應該要交到勞動者手中的薪資，是否正是現代社會的「幽靈面積」呢？

現代社會貧富差距擴大的問題日益受到關注，如果以近代世界體系尋找利潤來源的觀點出發，一旦失去幽靈面積但又想獲得更高的利益，勞動者的薪資自然而然成為下一個被掠奪的目標。近代世界體系發展的前提是世上仍然存在幽靈面積，藉由這些幽靈面積，勞動者能夠獲得更多利潤，帶動薪資提升。然而，我認為將勞動者薪資當成「幽靈面積」進而予取予求，正是當今新體系的運作模式。

近代世界體系的原理是不斷擴大取得資源，並以這些資源打造出不斷進步提升的社會，所以明天會比今天更好，長期來看薪資一定會提高，生活水準也必定會提升。但是，如今我們所面臨的現實社會卻與近代世界體系的原理完全相反，而是沉迷於幻想中，永無止境的追求利益。這樣對於當代的人們而言真的有意義嗎？這個問題值得我們深思。

數位媒體創造出沒有核心國家的時代

近代世界體系中存在核心國家，由於核心國家是經濟中心，大量的商業資訊也會隨之湧入，核心國家無庸置疑正是商業資訊的中心所在，但隨著數位媒體的發展，資訊中心也因而消失。

讓我們先來看看資訊中心消失的狀況。利比亞獨裁者格達費招致民怨，導致二〇一一年爆發內戰，格達費雖然切斷利比亞的行動電話網路機能，但他也無法知曉敵人究竟會從哪兒出現，由於缺乏傳遞資訊的管道，讓他難以掌握周圍的狀況，更不知該如何因應，最後格達費在內戰中被槍殺。

這個例子告訴我們，資訊中心消失所導致的混亂難以想像。但在現今社會，由於數位傳播媒體發達，即便失去過往的資訊中心，從全世界的各個角落仍然可以向其他地方傳送訊息，過去由核心國家掌握資訊的近代世界體系也步向尾聲。

但是，就算這世上已沒有資訊中心，支配掠奪關係也不會因而消失，只是改變了型態。永無止境追求利益的腳步，迄今仍未停歇，你我在不知不覺當中可能都成了幫凶。

華勒斯坦所提出的近代世界體系提到，基於國際分工體制，工業國得以支配與掠奪初級產品出口國。國際分工體制的支配掠奪關係，主要就是核心國家掠奪邊陲國家，如此一來，我們就比較能夠理解先進國家作為核心國家與他國之間的掠奪關係，也能夠明白歐美列強支配殖民地的支配掠奪關係。不過，特別的是，現代社會中一般人透過網路下訂單購物，也可以說是一種支配掠奪關係。

為了因應網路上的訂單，亞馬遜等網路商家擁有巨大的倉庫，但在其中工作的員工薪資卻十分低廉。網路讓人們可以輕易取得世界各地的商品，然而我們沒有能力調查世界另一端的人們是否獲得合理的報酬，以及工廠是否使用童工等等。

支配掠奪關係由來已久，而網路的發展很可能帶來推波助瀾的效果，我們在不知不覺間或許正在壓榨世界其他角落貧困的人們，請各位不要忘記這一點。我們必須認知到，透過數位傳播媒體所建立的支配掠奪關係中，並不存在著特定的核心國家，無論是誰，是否有意，很可能在不知不覺間成了此一關係的幫兇。而失去核心國家，讓一般的民眾在無意間成為支配與掠奪的一方，這或許也代表著新世界體系的誕生。

最近有許多人在討論後美國時代的論點，但是如果要討論後美國時代，前提是今後的世界仍維持著近代世界體系。但我認為既然已失去核心國家，就沒有近代世界體系，更沒有所謂後美國時代——至少以我的觀點來看是如此的。

國家圖書館出版品預行編目（CIP）資料

你還沒讀過的世界史：史學大師帶你從人類商業活動看出歷史背後不為人知的真相／玉木俊明著；林依璇譯. -- 初版. -- 臺北市：商周出版：家庭傳媒城邦分公司發行, 民106.10

面；　公分

譯自：先生も知らない世界史

ISBN 978-986-477-321-3（平裝）

1. 世界史

711　　106015282

你還沒讀過的世界史

史學大師帶你從人類商業活動看出歷史背後不為人知的真相

原文書名／先生も知らない世界史
作　　者／玉木俊明
譯　　者／林依璇
特約編輯／江真
責任編輯／張曉蕊
版　　權／黃淑敏
行銷業務／石一志、莊英傑

總 編 輯／陳美靜
總 經 理／彭之琬
發 行 人／何飛鵬
法律顧問／台英國際商務法律事務所
出　　版／商周出版
台北市中山區民生東路二段141號9樓
電話：（02）2500-7008　傳真：（02）2500-7759
E-mail：bwp.service@cite.com.tw
發　　行／英屬蓋曼群島商家庭傳媒股份有限公司　城邦分公司
台北市中山區民生東路二段141號2樓
電話：（02）2500-0888　傳真：（02）2500-1938
讀者服務專線：0800-020-299　24小時傳真服務：（02）2517-0999
讀者服務信箱：service@readingclub.com.tw
劃撥帳號：19833503
戶名：英屬蓋曼群島商家庭傳媒股份有限公司　城邦分公司
香港發行所／城邦（香港）出版集團有限公司
香港灣仔駱克道193號東超商業中心1樓
電話：（852）2508-6231　傳真：（852）2578-9337
E-mail：hkcite@biznetvigator.com
馬新發行所／【Cite(M)Sdn.Bhd. (458372U)】
11, Jalan 30D/146, Desa Tasik, Sungai Besi,
57000 Kuala Lumpur, Malaysia
電話：（603）9056-3833　傳真：（603）9056-2833
E-mail：cite@cite.com.my

內文設計排版／黃淑華
印　　刷／鴻霖印刷傳媒股份有限公司
總 經 銷／聯合發行股份有限公司
電話：（02）2917-8022　傳真：（02）2915-6275

■ 2017年（民106）10月初版
ISBN 978-986-477-321-3

Printed in Taiwan
城邦讀書花園
www.cite.com.tw

定價300元